JN106791

パパのトリセツ 2.0

おおたとしまさ
モチコ／イラスト

2.0

Discover
ディスカヴァー

はじめに

「夫婦で協力して子育てしようって話だったはずなのに、ちょっとイメージと違った」みたいなかすかなストレスを感じているママや、そうなることを未然に防ぎたいママたちにだまされたと思って試してみてほしい**方便**をまとめたものが本書です。

大事なことなのでもう一度言います。本書はまるごと1冊方便です。

「方便」を辞書で調べると「目的のために利用する便宜の手段」とか「真理に誘い入れるために仮に設けた教え」などという説明が出てきます。もともとは、ままならない現実と折り合いをつけるための知恵というような意味を含む仏教用語です。「うそも方便」などと使いますよね。

本来ならわざわざ妻がこんな方便を使わなくとも、夫が当たり前のように子育てするのが筋です。でも現実がそうはなっていないときに、しかもその現実を真正面から変える時間も気力もないときに、**「あえて現実のとらえ方をちょっと変えてみたら?」という提案**です。

ものの見方を意識的に変えてみることを、心理学では「リフレーミング」といいます。本書の内容の多くも、心理カウンセラーが頻繁に使うテクニックを応用したものです。(私はもともと心理カウンセラーの資格をもっていて、「パパの悩み相談横丁」というオンラインカウンセリングルームを10年ほど運営していましたが、うっかり資格を失効してしまい、今はその活動はしていません。)

本書に書いてあることは、要するに、夫を全自動子育てロボットと見立てて、その機能を存分に引き出す方法です。ほら、どんなに高性能な全自動洗濯

機やルンバのような賢い掃除機を買っても、電源ボタンを押すだけでは十分に

その機能を使いこなすことはできないじゃないですか。

「人間をロボットに見立てるなんてなにごとか！」というお叱りも飛んできそ

うですが、だから方便なんですって。

人前で話して緊張しそうなときに、「観客をみんなカボチャだと思えばいい」

とか、昔からいうじゃないですか。それと同じで、うまくいかない現実がある

ときに、まず現実のとらえ方を変えることで、現実そのものを変えていく知恵

です。

とはいえ、パラパラめくってみて、「なんでこんなまどろっこしいことしな

くちゃいけないの！」と、かえってイライラが募るようなら、どうか本書を閉

じてください。方便を使う余裕すらないときもありますし、そもそも「ふざけ

んな！　お前もちゃんと子育てしろ！」とストレートに伝えるほうが伝わる夫もいるはずですし、そのほうが本来は健全ですから。

でももし、「あ、これは新しい視点！　こういうアプローチのほうがうちの夫には響くかも」と思えるようなら、できる範囲で方便を試してみてください。

でもやはり大事なことなので、もう一度言います。本書はまるごと1冊方便です。

方便がうまくいったからといって、それが現実だとは決して思わないでください。夫はロボットではありません。母親も父親も、親として対等なのが当たり前です。妻が夫をいつまでも掌の上で転がすようなアンバランスな関係は長続きしません。本書はあくまでも現実を変えるきっかけにすぎません。

本書を利用して日々のストレスをやり過ごしながら、一方で、本当に対等な夫婦関係は、それはそれで時間をかけて構築していってください。一朝一夕でできることではありませんが、少しずつでも、人生のパートナーとしての夫婦関係が成熟していくことはそれはそれで、子どもの成長と同じくらいうれしいことです。

みなさんの子育てライフが、今よりちょっぴり幸せでおだやかなものになりますように。

まずはパパのタイプを調べてみよう！

パパにもいろいろなタイプがあります。まずはおたくのパパにどんな特徴があるのか知ることから始めてみましょう。5つのタイプに分類したので、どのタイプに属するパパなのか、10～11ページの「パパタイプ　チェックシート」を試してみてください。

はじめに

おたくのパパになったつもりで、10の質問に、「あてはまる」「どちらでもない」「あてはまらない」のいずれかで答えてください。そして、10ページの欄にある点数をA〜Eの項目ごとに足します。

A〜Eの中で最も点数の高いところがおたくのパパのタイプになります。複数の項目で点数が最高の場合は、複数のタイプの特徴を併せもつパパだということです。

	あてはまる	どちらでもない	あてはまらない
→	3	2	1
→	3	2	1
→	3	2	1
→	3	2	1
ことが多い →	3	2	1
→	3	2	1
→	3	2	1
→	3	2	1
→	3	2	1
→	3	2	1

診断

A（Q1+Q6）= ☐ → 厳格律儀カミナリオヤジタイプ

B（Q2+Q7）= ☐ → 母性優勢二人目ママタイプ

C（Q3+Q8）= ☐ → 冷静沈着コンピュータタイプ

D（Q4+Q9）= ☐ → 天真爛漫わんぱく坊主タイプ

E（Q5+Q10）= ☐ → 従順無口いい子ちゃんタイプ

パパのタイプ チェックシート

Q1	他人に指図されるより、指図するほうが多い
Q2	捨て猫や捨て犬を見ると放っておけない
Q3	買い物するときは、事前によく比較検討する
Q4	「やった！」「すごい！」などの言葉をよく発する
Q5	「何が食べたい？」と聞かれても、「何でもいい」と答える
Q6	「けじめ」「義理」などの言葉を好む
Q7	ほめ上手なほうだ
Q8	「合理的」「論理的」などの言葉を好む
Q9	いつも楽しいことを探している
Q10	人からどう見られるかを気にすることが多い

各タイプの詳しい解説は
69ページからになります。
さっそく見てみましょう！

第 **1** 章

パパの機能と特徴

パパにできること、パパの役割

ハッ

ON!

ポチ

こんなにバリエーションが…

※本書は2012年に小社より発行された『パパのトリセツ』に加筆修正のうえ再編集したものです。

第 1 章

パパの
機能と特徴

パパにできること、
パパの役割

「母乳を出す」以外は何でもできる

スーパーや百貨店などの育児コーナーをのぞくと、便利な抱っこひもとか、赤ちゃんがついうとうとしてしまうバウンサーとか、いろんな育児グッズがありますよね。家電についても、全自動洗濯機や食器洗い乾燥機に加え、最近はお掃除ロボットなんかも一般的になりました。

上手に使えば多少なりともママの負担を軽くするグッズはいろいろありますが、その中でも一番におすすめしたいのがこの商品。**パパロボット**（略称「パパ」）です。背丈や体重やルックスはそれぞれですが、だいたいこんな機能が備わっています。

「パパ」の機能

1. 母乳を出すこと以外は何でもできます！
2. ママのストレス発散の相手にもなってくれます！
3. お金を稼ぐこともできます！
4. 燃料は、ごはんと子どもの笑顔とママの愛情です！

これを上手に使いこなせれば、食洗機もお掃除ロボットも不要です。授乳だってオムツ替えだって寝かしつけだって全自動。会社に預けっぱなしだったり、カーペットの片隅に転がしておくだけではもったいないわけです。

それなのに、うまく使いこなしている人が意外に少ない。なぜなら、今まで「パパの取扱説明書」がなかったからです。

でも、もうだいじょうぶ！　この本を読めば、正しいパパの使い方がわかります。ただし、見た目によらず実は繊細なつくりゆえ、取り扱いには注意が必要です。

「パパ」取り扱い上の注意

① 疲れると動きが鈍くなります。

② 燃料が足りないと動かなくなります。

③ ときどき暴走することがあります。

④ 適度な遊びがないと故障の原因となります。

これらの注意事項については、あとでくわしく説明します。

「隣の芝生」と比べないでください！

この「トリセツ」には、「夫」として「父親」としてのパパの機能を存分に引き出す方法が書かれています。

ところで、「理想のパパ」ってどういう感じでしょう。

「理想のパパ」の条件!?

□ バリバリ仕事をしてしっかり稼いできてくれるけど、家には早く帰ってきてくれる。

□ 家事も育児も進んでやってくれる。

□ 自分の愚痴はもらさずに、ママの愚痴には何時間でもつき合ってくれる。

□子どもとたくさん遊んでくれるけど、ママへの愛情表現も欠かさない。

□時にはビシッと子どもを叱れるけど、ママのことは絶対に非難しない。

□適度にオシャレでかっこいいけど、ママ以外の女性には見向きもしない。

そんな男性がいたら、私が結婚したいくらいです。いるわけない！

そうやっていきなりハードルを上げちゃうと、パパは自信をなくし、やる気までしぼんでしまいます。

ママのみなさんも考えてみてください。たとえば、寝そべってテレビを見ているパパが、若いママタレントのつくりこまれた生活密着ドキュメンタリーを

見たあと、見比べるようにあなたの顔を見てため息なんてつかれたらどうします？　きっと殺意を抱くでしょう。

それと同じです。絵に描いた理想のパパ像と見比べられてため息つかれて、やる気を出すパパなんていません。

冷凍ピザでもいいじゃない！

ここでクイズです。男女平等先進国として知られる北欧ノルウェーでは、ピザの消費量が世界一なのだそうです。なぜだかわかりますか？

答えは、冷凍ピザがノルウェーのパパたちの定番料理だからです！

ノルウェーは、世界でも屈指の男女平等社会です。男女とも分け隔てなく働き、育児も家事もこなします。だからといって、ノルウェーの男性たちが毎日家族のために素敵なディナーをつくっているかというとそうじゃない。面倒くさいから、冷凍ピザをチン！というのが定番なのです。

ベルギーでも似たような話を聞いたことがあります。奥さんは、「私の夫は毎日、家族のために素敵なディナーをつくってくれるの」と夫をほめちぎります。でも、何をつくっているのかよくよく聞いてみると、パスタをゆでて、市販のソースにからめているだけ。ソースの味が毎回変わるだけなんです。

冷凍ピザをチン！にしても、パスタをゆでるにしても、「その程度ならうちのパパにもできる！」と思うママも多いんじゃないでしょうか。日本では「料理ができる」というと、煮物などの手の込んだ料理を同時に数品つくれちゃう

ことをイメージしますよね。でも、男女平等先進国といわれる国々では、そもそもそこのハードルがすごく低いんです。で、「男だって料理ができて当然！」と胸を張って言えちゃう。そこの差なんです。

先ほど、「絵に描いたような理想のパパなんてどこにもいない！」という話をしましたが、それは日本国内に限ったことではありません。**男女平等先進国のパパでも、性能はこの程度**だってことを、この機会にぜひ知っておいてください。つまり、日本のパパたちに、あんまり多くを望まないでくださいってことが言いたいんですけどね。

目指せ！「これでいいのだ！」

2010年には「イクメン」という言葉が流行語大賞の一つに選ばれました。

でも、「イケメン」が自称ではギャグにしかならないように、「イクメン」だって自称ではギャグにしかなりません。

いくら一般的には「イケメン」でも、好きな女の子から「イケてる」と思ってもらえなければ何も意味がないのと同じで、世間一般的には「イクメン」でも、妻や子どもから「育児している」と思ってもらえなければ意味がありません。逆に言えば、実際は大してやっていなくても、妻や子どもから「育児している」と思ってもらえるなら、それは「イクメン」です。

つまり、イクメンか否かというモノサシは、世間がもっているのではなく、各家庭がもっているものであるはずなんですね。

あえて言うならば、「妻にとってはどんな夫が理想の夫なのか」、「子どもにとってはどんな父親が理想の父親なのか」、それを理解しようとコミュニケーションを尽くし、それに近づこうとし、完璧じゃないにしても、そこに向かって努力する姿に妻も子どもも納得できることが、イクメンの条件なのではないかと私は思います。

ちなみに、ちょっと古い情報なのですが、2008年に「アニメの中の理想の父親」をオリコンが調査したところ、1位は「バカボンのパパ」でした。どんなときでも「これでいいのだ!」って、とっても正しい感覚だと思います。これこそいわゆる「自己肯定感」というやつです。

自信をなくして卑屈になった父親を見ているほど、子どもにとってつらいことはないでしょう。頭の毛が薄くても、メタボ腹がみっともなくても、オシャレのセンスがダサくても、稼ぎが少なくても、どんなダメオヤジでもいいから、堂々と、いつも笑っていてほしいと、子どもは父親に願うものではないでしょうか。

父親だけでなく、母親も同じだと思いますが、親が「人生は楽しい。大変なこともあるけれど、生きる価値がある」と思い、毎日をたくましく生きていれば、子どもも「人生は楽しい。大変なこともあるけれど、生きる価値がある」と思って成長できるはずです。

親が生き方で伝える、言葉にならないこのメッセージは、いずれ子どもが自立し、一人で生きていくときに必要な「生きる力」の土台になります。これ

32

ぞ、究極の育児ではないかと思います。

「ママが二人」じゃもったいない！

「男性も育児を！」という声がますます高まっている背景には、日本の家族のあり方の変化も大きく関係していると思います。

今みたいな核家族化が進む前、昔の大家族って34ページの上の図のような感じだったことでしょう。子どものまわりにいろんな登場人物がいます。いろんな人がいろんな役割を演じたり、いろんな価値観を子どもに見せたりしながら、豊かな人間関係の中で子育てが行われていたんです。

「サザエさん」や「ちびまる子ちゃん」の家庭をイメージするとわかりやすいでしょう。お母さんにこっぴどく叱られても、おじいちゃんやおばあちゃんがあめ玉をくれて慰めてくれたり、きょうだいや近所のやんちゃ坊主が、いたずらやケンカを教えてくれたり。お父さんが「ダメ」と言うことでも、友蔵じいさんは「いいよ」と言ってくれたり。タラちゃんには「いいよ」と言うことでも、カツオには「ダメ」だったり……。矛盾や葛藤もごろごろ転がっていたわけです。いろんな価値観があって、その幅というか奥行きの中で子どもは成長できました。

でも、今の典型的な核家族は、右ページの下の図の感じですかね。特に専業主婦の場合、ママと子どもが2DKのアパートの一室で、24時間マンツーマンのにらめっこ状態。ママの価値観がすべてです。幅や奥行きなんてありません。

ママが一人何役もできればいいのですが、ママはいつの時代も古来のママとし

ての役割をまっとうするだけで手いっぱい。本来、子どもが育つために必要であるはずの側面サポートをしてくれる登場人物の役割を誰が担うのか……。

はい、パパの出番です。

それなのに、パパがママのコピーロボットになってママと同じ役割しかしなかったら、子どもを取り巻く登場人物は増えませんよね。

パパとママは違ってナンボ

だからパパを、ママのコピーロボットやママの命令どおりに動く召使いロボットにするのではなく、**ママとは違う角度から子育てにかかわる自律型ロボッ**

トとしてとらえてほしいのです。

ただし、自律型ロボットとして覚醒したパパの育児や家事は、ママとはやり方が少々異なります。いや、だいぶ違うかもしれません。やり方が違うどころか、「そんなことならやってくれなくていい」とか「それだけはやってほしくない」と思うことをやりはじめ、止まらなくなってしまうことがあるかもしれません。その点はあらかじめご了承ください。

たとえば、子どもがたき火に向かって歩き出したとき。ママが近くにいれば、一歩目を踏み出した瞬間に子どもの手をつかみ、「危ないよ」と制するのに、パパは、そのまま見守るというように、リアクションに違いがあるかもしれません。この場合、ママは危険から子どもを守り、未然に事故を防ぐことを教えているし、パパは失敗から多くのことを学ばせたことになります。逆のパターンもあるでしょう。ママがおおらかな場合は、パパがしっかりきっちりし

ていて、未然に子どもを守る役割を担うことが多いように思います。

夫婦って、凸凹がうまくかみ合うようにできてるんですね。きっと恋に落ちた瞬間から、無意識のうちにそういう相手を選んでいるんでしょう。

いずれにしても、ママとパパのやり方に幅があるから、それが子どもが育つ環境としての奥行きになります。「ママみたいな方法もあるし、パパみたいなやり方もある」ということを日々の生活から学び、自分なりのやり方を身につけていきます。

そう考えると、パパが自分の思いどおりに動いてくれなくても、ちょっとは許せると思いませんか？　甘いですかね……。

第 2 章

パパ
スイッチの
入れ方

パパとしての
自覚を促す

起動待機時間が長めにかかる

父親になったことを頭で理解することと、全身の細胞がそのことを理解して、いちいち脳を介さなくても自然に父親としてのふるまいができるようになることとは違います。そのため**スイッチを入れてから本当に起動するまでに、タイムラグが生じます。**

実際、子どもとのふれあいの中でパパとして徐々に覚醒する場合が多いようです。でも、それまでに3か月かかるのか、半年かかるのか、1年かかるのかはわかりません。

男性に、父親であることをはじめて実感した瞬間を尋ねると、さまざまなタイミングがあがります。「妊婦健診につき添って、超音波画像を見て涙が出た」

というパパは超優秀です。「出産に立ち会ったとき」とか、「はじめて抱っこし
たとき」などというのもかなり優秀なほうです。

「ほかの人には人見知りするのに、自分にはだいじょうぶだったとき」とか、
「子どもに『パパ』って呼ばれたとき」なんていう人も結構います。ママたちか
らすれば、「どんだけ時間かかってんのよ!」って感じでしょう。

そこでこの章では、ママ自らの手で、少しでも起動待機時間を短くする方法
を説明していきます。

「時間差」が広げる夫婦の溝

男性はある日突然、妻の「妊娠したみたい……」のひと言を聞かされて、その事実を追いかけるように父親になろうとしなければなりません。

かつての大家族や長屋暮らしの社会なら、同様の経験をしながら父親になっていく身近な先輩を見て、「父親ってこういうものなんだ」ということを理屈抜きで理解する機会もあったでしょう。でも、現代の核家族社会においては、そのような機会に恵まれることはほとんど稀です。

誰も教えてくれない。教科書もない。ロールモデルもいない。それは、母親になる女性にとっても同じことです。でも、つねに体内に赤ちゃんの存在を実感しながら、赤ちゃんの分まで栄養をとって、自分の血を分け与えて、肉体の

レベルで母親になっていける女性に比べると、自分が父親であることを男性が
理屈抜きで受け入れるチャンスはあまりに乏しいのです。

ママが母親としての自覚をもつタイミングと、パパが父親としての自覚に目
覚めるタイミングの時間差が大きければ大きいほど、夫婦間の意識の溝も開き
ます。この溝が開きすぎると、「あなた、父親としての自覚はあるのっ⁉」
となるわけです。そこで夫婦関係がこじれてしまうと、パパスイッチはますま
す入りにくくなってしまいます。

だから、**できるだけ早くから父親としての自覚をもってもらうことが大切**な
のです。

パパスイッチは本当にあった！

一般に、女性は体が変化して母親になっていくのに、男性の体は親になっても何も変化しないと考えられがちです。しかし、父親になった男性の脳の中では物理的な変化が起こっている可能性が高いことを示す研究結果があります。

「パパスイッチ」というのは、単なるたとえではなく、どうやら本当にあるらしいのです。

カルガリー大学の神経学者が2010年に発表した研究結果によれば、マウスで実験を試みたところ、子どもの誕生後、父親マウスの脳には補足的なニューロン（神経細胞）が生じ、ホルモンも変化することがわかったとのこと。それが何のためなのかは、まだ解明されていません。その研究者は、自分の子どもを識別する能力を獲得するためではないかと考えているようです。

そして、ここからが重要です。父親マウスが新しい脳細胞を獲得するのは、子どもとともに巣にとどまっているときだけで、赤ちゃんマウスが生まれた日に父親マウスを巣から離してしまうと、父親の脳に変化は現れないというのです。ということは、里帰り出産などで、産後すぐに赤ちゃんと離ればなれに暮らしてしまうと、パパスイッチは入りにくくなるということになります。これは大問題です！

五感で赤ちゃんを感じると脳が変化する!?

さらにさまざまな実験の結果、子どもの匂いを嗅ぐ経験とスキンシップ経験の両方が揃うと、父親マウスの脳の中に新しい脳細胞がつくり出されるらしい

ことを、研究者たちは突き止めています。鼻がきくマウスだから匂いとスキンシップなのであって、人間であれば視覚や聴覚もカギになるかもしれませんね。

つまり、ただ立場として父親になるだけではダメで、父親として子どもと触れ合うことで、父親として覚醒するらしいのです。

数々の取材経験を踏まえ、私は以前から子育て講演会などで、「父親の役割などと難しいことを『考える』のではなく、とにかく赤ちゃんと『触れ合う』ことが大事」とお伝えしてきました。それが、脳科学的にも正しい可能性が高いようなのです。

というわけで、**パパスイッチをONにするためには、理屈で自覚を促すよりも、パパと赤ちゃんをベタベタ接触させることが重要**なんです。

とにかく抱っこさせて、匂いを嗅がせて、アイコンタクトさせて、泣き声を聞かせて、パパの五感をフル稼働して赤ちゃんを感じてもらう機会をできるだけ早い時期にたくさんつくるようにするといいでしょう。

パパスイッチはママが入れるもの!?

また、2013年に金沢大学の脳細胞遺伝子学者らが発表した研究結果では、母マウスが何らかの働きかけを行うことで父マウスに父親としての自覚をさせるのではないかという可能性が示唆されています。

子どもが産まれてすぐに子どもから父マウスだけを隔離した場合と、父マウ

スと母マウスをいっしょに隔離した場合とを比べると、独りだった父マウスは子育てをしようとしないのに、母マウスといっしょだった父マウスは子育てをするようになったのです。

実験チームは母マウスがフェロモンや超音波の音声などの何らかの方法で父マウスに子育ての必要性を伝えているのではないかとしています。

パパになると男性ホルモンが激減する

ノースウエスタン大学の人類学者らは2011年、人間の男性を対象に行った研究結果として、父親になるとテストステロンという男性ホルモンの一種の分泌量が激減すると発表しています。

テストステロンは、肉体的には筋肉や体毛の発育を促進し、精神的には攻撃性や衝動性を亢進する、「男性性」の源のようなホルモンです。異性に対する興味や性欲にも強く関係しています。つまり、**パパスイッチが入ることで、単に子育てに熱心になるというだけではなくて、性格的には丸くなり、よその女性にも興味を示しにくくなるという効果も期待できる**のです。

そして何より、ホルモンの分泌のされ方が変わるということは、人間の男性もやはり何らかの形で、自分が父親になったことを理屈ではなくて肉体のレベルで感知するアンテナがあるということです。

子どもといっしょの週末は人生の何％？

パパが赤ちゃんと勝手にベタベタしてくれるようになればこっちのものなのですが、そもそもそこまでもっていくのが大変だったりします。

「オレにできることはない。育児はママの担当」と決めつけ、父親としての自覚どころか、子育てに対する関心すらなかなかもたないパパに対しては、日曜日に次の質問をしてみてください。

「子どもが『パパ〜！』って無条件に抱きついてくれるのなんて、きっと小学校に上がるくらいまででしょ。仮に子どもが６歳になるまで、毎週日曜日を子どもといっしょに過ごせたとして、それってあなたの人生のうちで何％くらいの時間になると思う？」

答えは、なんと約**1%**です。子どもが6歳になるまで、日曜日は約300日あります。そして、人の一生は約3万日といわれています。割り返せば、ほら、たった1%なんです。

そして、「ね、だからこの時間ってとっても貴重なのよね」と幸せそうにつぶやいてください。「幸せそうに」、というところがポイントです。「それなのに、どうしてあなたは……」なんて本音まで言ってしまうと、すかさず「だって……」が跳ね返ってきて、なおさら溝が深まるってことになりかねませんから。

「育児は今しかできない」ということは、さすがにパパたちも概念的にわかっていると思います。でも、実際に「1%」なんていう数字にしてみると、「本当に貴重だ」という実感が湧きやすいんじゃないでしょうか。

スイッチONのタイミングとコツ

このトリセツを読んでいるのが、妊娠期間中ならラッキーです。あわてなくても十分な時間をかけて、二人で少しずつ、母親、父親になっていくことができるからです。でも、すでに子どもがある程度大きくなってしまっていて、「今からでもいいから、うちのパパにももっとがんばってほしい」と思っている方もだいじょうぶ。

というわけで、ここからは、妊娠中、出産直後、乳児期、幼児期の4つの時期別に、パパスイッチをONにするコツを説明します。

妊娠中 将来の話をする

女性も妊娠中に、母親としての実感を少しずつ高めるものでしょう。まして

妊娠中に父親としての自覚に目覚める男性は極めて稀です。だからといって、妊娠中に何もしないのはもったいない。**妊娠中には二人で将来について語り合うのがおすすめです。**

1 子どもができたら、お互い何と呼び合う？

2 食卓の席順は？　寝る位置はどこにする？

3 ワークライフバランスはどうする？

4 家事分担はどうする？　何ができる？

5 じじ、ばばとはどんな距離感にする？

6 子どもといっしょに、どんなことをしてみたい？

7 将来、どんな子に育ってほしい？

8 わが家のしつけ、教育の方針は？

9 死ぬまでに子どもになんとしても伝えたいことは？

10 子育てが一段落したら夫婦でどんなことしたい？

……などなど。イメージトレーニングみたいなものですね。

こうして未来を想像することで、一足早く母親気分、父親気分に浸れます。パパもその気になっちゃって、そのまますんなりスイッチがONになっちゃってることも。子育てが一段落したあとのことなんかもイメージできると、子育てが「期間限定イベント」だってこともイメージしやすくなりますよね。そうすると、ますますパパスイッチが入りやすくなります。

テーマによっては、二人の意見の相違が露呈するかもしれません。たとえば、ママはのんびりおおらかに育てたいと思っているのに、パパは厳しくしつけたいと思っているというような場合です。

意見の相違が露呈したときのポイントは、「じゃ、こうしましょう」などと、

無理に折り合いをつけようとしないこと。下手に折り合いをつけようとすると、ケンカになってしまうことがあるからです。

そんなときは、お互いに「へぇ～、そんなふうに考えてたんだ。意外！でも、今それがわかってよかったよね」などと言っておけばいいのです。いざ、子どもが大きくなってから、このような考えの違いが露呈すると、たいがい泥沼の長期的な夫婦ゲンカに発展しますけど、今のうちなら適当にやり過ごすことができます。

くわしくは第6章で説明しますが、そうやってお互いの考えていることを共有するだけで、無意識のうちに歩み寄ることができるのが、夫婦という関係の神秘なのです。また妊娠期間中に、できるだけたくさんの意見交換をすることで、のちのち生じていたかもしれない夫婦ゲンカを未然に減らすことにもなります。

2 出産直後 頼りなくても頼る

出産直後は、ママが心身ともにヘトヘトになりやすい時期です。悪条件が重なると、「マタニティブルー」や「産後うつ」なんてものが起こり得ます。

赤ちゃんのお世話はまだ不慣れで毎日てんてこ舞いだし、出産で消耗した体力が完全に戻るまでにはまだ時間はかかるし、「猫の手も借りたいくらい！」と言いたくなる状況でしょう。でも、猫の手を借りる前に、**まずパパをあてにしてみましょう！**

人間って不思議なもので、テンパっているときこそ、人にお願いすることができず、なんでも自分でやっちゃおうとすることってありませんか？　他人とコミュニケーションをとるだけの心の余裕がないもんだから、そうなっちゃうんです。仕事でもよくある話ですよね。こんなふうに、せっかくすぐ隣にパパ

がいるのに、うまく活用できてないことも多いんじゃないかと思います。それどころか、パパが手出しをしようとするなり、「違う！　余計なことしないでよ！」なんて怒鳴ってしまったり……。それでは、パパスイッチを入れるどころか、スイッチを壊してしまいます。

たしかに自分でやっちゃったほうが、その瞬間は早いんでしょうけれど、いつまでもそれを続けていて苦しくなるのは自分です。だから、どこかで心を落ち着かせて、パパにまかせてみましょう。頼りないと思う気持ちはお察しします。しかし、そこで一歩引いて見守れるかどうかが、パパスイッチを入れられるかどうかの分かれ目なのです。

誰だって頼られて悪い気はしません。「アナタだけが頼りなの」なんて言われてしまったら、「そっ、そうか」なんて、まんざらでもない気になって、力量以上のことにも挑戦してくれます。ダメ出しの一つもしたくなるでしょう

が、グッとこらえ、かわりに「さすが！ ありがとう！」なんてひと言を添えてみましょう。 こっそりお教えしますと、このとき心を込める必要はありません。

「赤ん坊もママも、やっぱりオレがいなきゃダメなんだな……」なんて錯覚させれば、パパスイッチは入ったも同然。 家族が増えた新しい家庭の中に、自分の居場所を見つけたパパは、積極的に子育てや家事に取り組むようになってくれるはずです。

乳児期

スキンシップをとらせる

先ほどお話ししたように、たくさんスキンシップをとってもらい、五感で子どもを感じる経験をたくさん積ませてあげてください。

幼児期

パパをヒーローに仕立てる

乳児期に自分の役割を見いだせなかった父親でも、子どもが成長し、いっしょにできることが増えてくる幼児期になると、子育ての楽しさを実感できるよ

たとえば、抱っこをしてもらったときに「あ、私が抱っこするときとなんだか違う表情をしているわぁ。なんだか楽しそう」などと、子どもとの絆を強く感じてもらえるようなひと言を添えればもうカンペキ。**嘘も方便で結構です。**

ただでさえ、はじめての経験だらけで舞いあがってますから、簡単に「そうか、オレに抱っこされると楽しいのか!」なんてその気になってくれるはずです。これで脳も心もスイッチONです。早くからたくさんスキンシップを重ねれば、子どもも早くパパに慣れてくれて、ママの負担も減らせるというメリットもあります。

うになり、急に子どもを連れてお出かけをしてくれるようになったりします。

ただし、乳児期までと違い、子どもは自分の意思で動き回ります。パパが嫌いだったら寄りつこうとしなくなります。そうなってしまったら大変ですから、パパの気持ちを盛り上げるだけではなくて、子どもをパパ好きにする工夫も考えなければなりません。逆に、子どもが「パパ大好き！」状態になれば、パパだっていやがおうでもパパスイッチをONにします。

パパの気持ちを盛り上げつつ、子どもも「パパ大好き！」な状態にするには、**パパをヒーローに仕立てちゃう**のが一挙両得です。

子どもに、「パパは強い正義の味方なんだよ！」「パパは悪いことが大嫌いなんだよ！」「パパは困っている人を見ると、必ず助けてあげる優しい人なんだよ！」「パパはママのことも守ってくれるんだよ！」などと吹聴しましょう。

わざとパパにも聞こえるように吹聴するとなおよしです。子どもは瞬く間にパパのファンになるでしょう。

自分が子どもにとってのヒーローになっちゃったら、そのイメージを壊してはいけないと思います。少なくとも、子どもの前ではカッコイイ父親でいたいと思うようになります。ときどき調子に乗りすぎることもあるかもしれませんが、そのへんは大目に見てやってください。

「夫スイッチ」をOFFにしないために

パパスイッチがONになるのは万々歳なのですが、そのときに一つ気をつけてほしいことがあります。父親という役割意識が強くなりすぎて、「夫」とい

う役割意識が薄れることがあるのです。これはママも同じですね。母親になりきってしまって、妻であることを忘れてしまうケースがあります。それと同じです。

パパは、父親であり、夫であり、男でなければなりません。それなのに、父親100％になってしまうと、夫婦関係がぎくしゃくしはじめます。妻を一人の女性として扱うのを忘れ、育児のパートナーとしか思わなくなってしまいます。男としての自覚も薄れるので、妻から愛され続ける男でいようとする意欲がなくなります。それでも子どもは「パパ～！」って慕ってくれるから、本人はそれで満足してしまうのです。

しかし、何度も言いますけど、子どもが「パパ～！」って抱きついてくれるのなんて、人生のうちのほんの数年。あっという間に時は過ぎ、子どもがパパと遊ぶよりも友だちと遊ぶことを好むようになったとき、色気も甲斐性もない

おじさんと化したパパの抜け殻だけが残されます。

そのとき夫婦はすでに男女ではなくなっており、家庭の中にはすきま風が吹きすさぶばかり……。それでは寂しすぎます！

意地でも夫婦の時間を確保する

そうならないようにするためには、**お互いにどんなに忙しくても、たまには夫婦の時間をつくる**ことを強くおすすめします。子どもが寝たあとに、いっしょにお茶をすするだけでもいいです。二人で映画鑑賞なんかできたら最高ですね。

子育て中は、お互いにどうしてもそういうことがおっくうになりがちです。

でも、二人の時間がないまま、お互い、母親としての顔、父親としての顔しか見ていないと、お互いの異性としての魅力にビビッ!と反応するアンテナがさびついてしまいます。

結婚する前のようにラブラブ、ベタベタする必要はありません。「最近、仕事忙しそうだね。だいじょうぶ?」とか、「子どもが健やかに育っているのはあなたのおかげよ」なんてお互いをねぎらい、いたわる言葉をかけ合えれば十分です。

相手を一人の男性、女性として思いやる気持ちを忘れないことこそが大切です。そうしておけば、アンテナはさびつきません。

……という状況を、せっかくママがお膳立てしても、それをパパに面倒くさ

がられてしまったら――。大ショックですよね。でも、実際はよくあるケースではないかと思います。「疲れてるんだよ」とかなんとか言って、逃げちゃうパターンです。

ママのそういう思いを受け止めてあげられないパパは、はっきり言って夫として失格だと思います。パパであるという立場に甘んじて、油断しすぎです。

時には、ガツンと言ってもいいと思います。

上手な夫婦ゲンカの作法については、第6章でくわしく説明しますのでお楽しみに。

第 3 章

機種タイプ
について

性 格 に よ る 性 能 や
扱 い 方 の 違 い

こんなに
バリエーションが…

パパにも得意・不得意がある

自動車にもスマホにもいろいろな種類があるように、パパにもいろいろな機種タイプがあります。タイプが違えば、クセも果たす役割も活躍するシーンも違います。それぞれに長所・短所があります。

パパのタイプを知り、適材適所の役割で活躍してもらえれば、パパは生き生きと活動します。機能を最大限に発揮します。逆に、苦手な分野をやらせてもうまくはいきません。

さっそく「わが家のパパ」のタイプを判定してみましょう。パパタイプの診断方法は9ページにあります。

診断結果は、いかがでしたか。ここからはタイプ別のクセ、得意分野、苦手分野について説明します。

厳格律儀カミナリオヤジタイプ

ひと言で言えば、昔ながらの頑固オヤジタイプ。今どき珍しい、どちらかというと旧型のパパです。「サザエさん」の磯野波平を思い浮かべるとわかりやすいかもしれません。

曲がったことが大嫌いで、義理人情にも厚く、頼りがいがあるところが最大の長所。「一家の大黒柱」という存在としては申し分ありません。

一方で、融通が利かなかったり頑固だったりするので、ちょっぴり扱いにくいのが難点。自分自身が厳しい価値観に基づいて生きているため、他人に対し

ても厳しく接してしまいがち。それが、ママに対しては批判、子どもに対しては叱責という形で表れやすく、現代の家庭の中では煙たがられることもあります。

「父親の威厳」を大切にするので、ときどきヨイショも必要で、実は結構手がかかります。おたくのパパがこのタイプの場合、**家族の「名誉リーダー」としての地位を与えると、おさまりがよくなります。**

また、このタイプのパパと意見の相違があった場合は対応に注意が必要です。自分の価値観を絶対に譲るまいとする気持ちが強いので、真っ向勝負をしているとこちらが疲れてしまいます。「負けるが勝ち」と割り切って、早々に切り上げることをおすすめします。

このタイプは、子どもに対しても多くを求めすぎてしまうところがありま

す。しかしそこで「そんなに厳しくしたらかわいそうよ」なんて言おうものなら、「キミが甘やかすからだ」というセリフが返ってきて、大変なことになっちゃいます。そのような場合には、表面的にはパパをたてながら、裏でこっそりママが子どもをかばい、守ってあげられるといいバランスになります。

母性優勢二人目ママタイプ

世話好きで、思いやりがあります。人の話を聴くのが上手で、ほめ上手。みんなから好かれます。尾木ママをイメージするといいでしょう。

子どもに対しても、母親に負けないほどの愛情で接することが自然にできてしまうのがこのタイプの最大の長所。パパスイッチを入れるのも一番ラクなはずです。ママへの接し方も上手。うまく話を聴いてくれるし、優しい言葉もか

けてくれるので、ママがストレスを感じることはほとんどありません。

その反面、面倒見がよすぎるため、子どもを甘やかしてしまうことも。ママがやろうとしていることを先回りしてやってくれちゃったりするのもありがたいのですが、ともするとママのお株を奪い、ママの立場がなくなっちゃうってこともあります。

一番心配なのは、「おうちの中にママが二人」みたいな状態になっちゃうこと。第1章で説明したとおり、一つの家にママが二人いても仕方ありませんから、ママとの役割分担が課題です。

そこで、**「お願いされたことはやってあげたくなっちゃう」という特徴を利用します。**「ちょっと厳しさが足りないな」と思うなら、「時には、子どもの前で厳しさを見せてほしい」などとお願いしてみるのもいいでしょう。厳しさを

表現するのはこのタイプのパパの苦手分野ではありますが、なんとかやってくれるはずです。「近所のやんちゃ坊主役をやってほしいな」と思うなら、「子どもを外に連れて行って、思い切り遊ばせてあげてよ」とお願いすれば、それなりにやってくれるはず。

このタイプのパパがパートナーなら、一般的な男女の役割意識にとらわれず、自由な発想で夫婦の役割分担を決めることができるはずです。

冷静沈着コンピュータタイプ

つねに冷静、的確、理性的。少々のことでは動じず、論理的に物事を考え進めるのが得意です。いわゆる「頭がきれる」タイプ。刑事ドラマ「相棒」の杉下右京を思い浮かべるとわかりやすいでしょう。

感情や本能に流されず、余計な価値観にまどわされることが少ないので、見ていて安心できるパパです。軸がぶれないので、自ら「父の威厳」を振りかざそうとする「厳格律儀カミナリオヤジタイプ」よりも、よほど子どもから尊敬されます。たとえば、災害時など、いざというときに最も頼りになるのはこのタイプ。まさに、「家族の頭脳」として重要な役割を果たしてくれます。

反面、クールすぎるのが玉にキズ。ユーモアに欠けていたり、ママや子どもの話に共感するのが下手だったりというのが最大の欠点です。ママが愚痴をもらしたときや相談をもちかけたときにその欠点が露呈します。

女性が誰かに愚痴をもらしたり相談をもちかけたりする多くの場合、話を最後まで聞いてもらい、心の中のわだかまりを吐き出したいだけということが多いと思います。それなのに、このタイプのパパは、「要するに」とか「つまり」

とかいう言葉で、ママの言いたいことを短くまとめてしまいます。さらに、最短時間で最大効果を求めるクセがありますから、「だったら○○すればいいじゃない」と的確すぎるひと言で話を終わらせてしまうわけです。

すると、ママは「もっと話したいことがあるのに！」とか「私の気持ちをわかってもらえない！」などと欲求不満を募らせます。しかしこのタイプのパパは、そういうことがさっぱり理解できません。「僕は最善の答えを提案したのに、それがわからないなんて、キミがおかしいんじゃないか？」となってしまうのです。

このタイプに「上手に話を聞いてもらう」機能はあまり期待しないほうがいいでしょう。相談をするなら、あらかじめ要点をまとめ、答えだけがわかればいい状態にしておくことがおすすめです。心の中のわだかまりは、誰か別の人に聞いてもらうようにしましょう。

天真爛漫 わんぱく坊主タイプ

自由奔放で本能のままに生きているタイプ。好奇心旺盛で直感的、創造力がたくましく、よく遊び、楽しむことができます。「いくつになっても子どもみたい」といわれるやんちゃなタイプのパパです。映画の『インディ・ジョーンズ』の主人公とか『釣りバカ日誌』のハマちゃんをイメージするとわかりやすいでしょう。

子どもにしてみれば最高のパパです。 いろんな遊びを知っているし、自分と同じ視点で楽しみながら遊んでくれますし。ときどきやりすぎてママに叱られちゃうこともあるけれど、そこも含めて、頼りがいがあって尊敬できるお兄ちゃんや近所のやんちゃ坊主のような存在になってくれます。それに、何事にも興味を示し、挑戦する姿勢は子どもにとってもいい影響を与えることでしょう。

一方で、他人に対する配慮に欠け、自己チューになりがちという短所も。ガマンも苦手です。子どもの欲しがるおもちゃをすぐに買い与えてしまうのもこのタイプ。ママからしてみれば、もう一人大きな子どもがいるような感覚かもしれません。

しかしこのタイプのパパは、少々叱ってもいつまでも凹んだり、卑屈になったり、復讐を企てたりしないのがいいところ。それに、ほめればほめるほど伸びやすいのも特徴。父親というよりは、「名誉長男」だと思うとちょうどいいかもしれません。

従順無口いい子ちゃんタイプ

口グセは「キミの好きにしていいよ〜」。子どもができる前、結婚する前から、主導権はあなたにあったことでしょう。

このタイプは、あなたに言われたとおりに行動し、あなたの望むようなパパであろうとします。『スター・ウォーズ』の金ピカの人型ロボットC3PO（シースリーピーオー）みたいなタイプです。

とにかく従順で「いい子」。協調性が高いのが長所です。ガマンが得意で、不満があっても表には出しません。つねにあなたに合わせてくれますから、今までこれといったストレスを感じたことはなかったのではないでしょうか。あえて言えば、優柔不断なところにたまにイラッとする程度だったのでは？ い

っしょに暮らしていてもとてもラクだったのではないかと思います。しかし、これからそのツケが回ってくるかもしれません。

このタイプのパパの短所は、主体性に欠けることです。指示を与えれば言われたとおりに動いてくれますが、指示を与えないと自分で判断して行動することがなかなかできません。自律型パパになるのが一番難しいタイプなのです。

また、このタイプは人からの評価を過度に気にするという特徴もあります。だから、ダメ出しをしたり、なじったりすると傷つきます。しかも、反論したり、傷ついたことを表に出したりすることが苦手ですから、「すねる」「ひねくれる」「へそを曲げる」といった形で地味に反抗することがあります。それをストレスと感じるママも多いでしょう。

表面的には「相手に合わせることのできる大人」のようにふるまいますが、

中身は「大人からの評価を気にする子ども」のまま。実は、最も扱いの難しいタイプのパパなのです。

しかも、得意技である「ガマン」が行きすぎると、家の中が窮屈に感じられるようになってしまうことも……。**ときどき適度な「遊び」を与えてあげるの**が、このタイプと上手にやっていくコツです。

夫婦のタイプの違いにご用心

パパのタイプとその特徴がわかったところで、次にチェックリストをもう一度使って、ママ自身のタイプを判定してみてください。「パパ」の部分を「マ

マ」に置き換えて、自分の属するタイプの説明を読んでみてください。それが
あなたの心のクセみたいなものです。

パパの特徴を知ったうえで、さらに自分自身の心のクセを知り、その組み合
わせによくある葛藤のパターンとその対処法を覚えておけば、余計なストレス
を感じることは少なくなります。

**同じタイプどうしが夫婦になればうまくいくかというと、そうでもありませ
ん。**たとえば、どちらかが「天真爛漫わんぱく坊主タイプ」であれば、もう一
方は「従順無口いい子ちゃんタイプ」だと相性がいいなんてことがあります。
お互いの長所・短所がうまくかみ合うのがよい相性といえるのです。

タイプが違えば、「私ならああいう考え方はしない」とか、「なんであの人は
ああなのよ……」などと価値観の違いを感じることがあるかもしれませんが、

実際、違う考えの者どうしが夫婦になって、長所・短所をうまく補完している場合が多いのです。

ここから、あなたのタイプに対し、特に気をつけてほしいパパのタイプの組み合わせについて説明します。お互いの相性を知ることで余計なストレスが減らせるはずです。

厳格律儀カミナリオヤジタイプ

あなたが「厳格律儀カミナリオヤジタイプ」なら、パパに対して批判的だったり、多くを求めすぎていたりするかもしれません。特に、パパが「従順無口いい子ちゃんタイプ」の場合、気づかないうちにあなたに対して恨みつらみを重ねているかもしれませんから注意してください。

母性優勢二人目ママタイプ

あなたが「母性優勢二人目ママタイプ」である可能性は高いでしょう。だって、ほんとにママなのですから。だとすれば、どんなタイプのパパに対しても、温かな愛情をもって接してあげられていることでしょう。

一方で、パパを甘やかしすぎてしまっている可能性もあります。適度に負荷をかけてあげないとパパの性能は上がりません。心配な気持ちもわかりますが、時にはパパを突き放す勇気も必要です。

パパが「母性優勢二人目ママタイプ」なら、従来の父親と母親の役割が逆転したパターンとして、いいバランスで子育てができるでしょう。

冷静沈着コンピュータタイプ

あなたが「冷静沈着コンピュータタイプ」で、パパが「天真爛漫わんぱく坊主タイプ」だと、パパのことを「子どもだなぁ、バカだなぁ」と見下してしまっているかもしれません。本当にそうなのですから、仕方ないのですが、あんまり露骨にしすぎると、家庭の中がギスギスしはじめます。気をつけましょう。

パパが「厳格律儀カミナリオヤジタイプ」だと、夫婦ゲンカになったとき、論理的に追い詰められたパパが「バカヤロー！　理屈じゃないんだ！」なんて言うことがあって困っているかもしれませんね。あんまり追い詰めすぎないように。

パパのタイプにかかわらず、さっさと見切りをつけちゃうのも「冷静沈着コ

天真爛漫わんぱく坊主タイプ

ンピュータタイプ」のママの特徴です。でも、ビジネスパートナーじゃないんだから、ちょっとお荷物だと思っても、上手に二人三脚してあげてほしいものです。

あなたが「天真爛漫わんぱく坊主タイプ」で、パパが「厳格律儀カミナリオヤジタイプ」だったり「冷静沈着コンピュータタイプ」だったりすると、あなたはつねに批判や評価の視線を感じ、ちょっぴり窮屈な思いを感じていることでしょう。

天真爛漫さはあなたの最大の魅力ではあるのですが、時には周囲への気配りも必要です。パパがあなたの天真爛漫さを理解し、受け入れてくれているなら、感謝の気持ちを忘れないようにしましょう。

従順無口いい子ちゃんタイプ

あなたが「従順無口いい子ちゃんタイプ」なら、「天真爛漫わんぱく坊主タイプ」のパパの勝手さや、「厳格律儀カミナリオヤジタイプ」の傲慢さに、日々ガマンを重ねているのではないかと心配です。

あなたがあまり感情を表に出さないので、鈍感なパパは「今のままでいいんだ」と信じて疑ってはいないでしょう。時には、自分の感情や考えを表に出すことも必要です。

子育てコーチング ワークショップ

あなたも子どもも変わらなくていい
変えるのは " コミュニケーション " と " 視点 "

オリエンテーションを含む全3回のオンラインプログラムです。

子育てに、コーチングを

たったひとつの正解が存在しない子育て。

当たり前でありながら、わたしたちが忘れがちなのが、子どもと親は別の人格であり、性格や才能も、それぞれであるということ。

親だからといって、先生だからといって、子どもにアドバイスをすることは簡単ではありません。

日々の子育てで交わされる会話にコーチングを活用することで、コミュニケーションはより探索的なものになります。問いを通して子どもを理解したり、自分と子どもとの間にちょっとした「間」をもつことでお互いを俯瞰してみたり。

本プログラムは、子どもとのコミュニケーションに新しい視点をもつ実践的なプログラムです。

参加者のお声

子どもとの会話でも「ちゃんと聞いているよ」という姿勢を見せるよう実践してみたところ、日常のいろんなことを以前よりもポツポツ自分から話してくれるようになりました。

zoomでのセミナーは初めてでしたので、最初は戸惑いましたが、先生が優しくお話し下さり、楽しく参加できました。

子育て中の親の多くは子どもとのコミュニケーションに悩んでいるんだ、という事実に励まされました。

最新の日程や詳細はこちら

子どもとのコミュニケーションに役立つ！
セミナーマニュアル
無料ダウンロード実施中

第 4 章

アプリの
インストール
方法

実務を覚えて
もらうには

命令ではなく気持ちを伝える

スイッチが入ったからといって、パパは、いきなり手際よくオムツ替えができるようになったり、上手に離乳食がつくれるようになったりするわけではありません。育児や家事の実務を一つひとつ覚えてもらわなければなりません。パソコンやスマホにアプリをインストールするようなものだと考えるとわかりやすいでしょう。

得意なことなら、あんまり手取り足取り教えなくても自分でやり方を覚えてくれます。しかし、面倒なことにはなかなか手を出そうとしないのが多くのパパに共通の特徴。ついママという存在に甘えてしまいます。

ルールをつくって義務としてやってもらうという方法もあるかとは思いま

す。だけど、義務として「やらされている感」があるうちは、いつまでたっても スキルが向上しませんし、そもそも長続きしません。では、どうしたらパパが自ら進んで面倒なことを引き受けてくれるようになるでしょうか。

「お願いモード」で接してみてください。

お願いモードといっても、「やってくれたらうれしいな〜」みたいに、**自分の「気持ち」を伝える形で言えばいい**のです。これを心理学では「i メッセージ」といいます。相手に圧迫感を与えない伝え方です。

「やってくれたらうれしいな〜」と言われてしまえば、パパだってやらないわけにはいかなくなります。しかも、「やらされている感」はありません。

基本はまかせて、ほめる

パパがいざ「やってみよう！」という気になっても、最初のうちはきっと失敗の連続です。そこで、「もう見てられない！　私がやったほうが早い！」となってしまっては、せっかくONになったパパスイッチを再びOFFにしてしまいます。

私の知り合いにも、せっかく不慣れな育児や家事に挑戦したのに、それをママからダメ出しされたり、バカにされたりしたために、「もうや〜めた！」となってしまったパパがたくさんいます。実にもったいない。

だから**最初のうちは、多少の失敗には目をつむり、手を出さず、どんな結果に対しても「ありがとう」を伝えるのが鉄則です。**

また、ママのやり方と違う「オレ流」を認めてあげるようにしてください。パパだって、自分がママほどには上手にできないことを自覚しつつ、自分なりに工夫しながら不慣れなことに挑戦しているんです。それをダメ出しされたり、バカにされたりしたら、やる気をなくすのも当然です。

「違い」を感じたら、「新しい！ そういうやり方もあるのねぇ」とポジティブに指摘してみましょう。そこで「え、じゃ、キミはいつもどうやってるの？」と食いついてきたら、こっちのものです。そのときに「ママ流」を伝授してあげましょう。

そしてできれば、うまくできたところをことさら大げさにほめます。特に、「そのワザは私にはできないわ！」などと、オリジナリティをほめると、自尊感情をくすぐり、効果的です。「お皿洗い、この前よりも随分早くなったね！」

などと、上達した部分に焦点を当ててほめてあげるのも大切です。

基本はまかせて、ほめることです。

パパを実験台にして「ほめる」技術を磨けば、「ほめる子育て」にも応用できるはずです。

勘違いパパにご用心！

ほめるのは大切なのですが、そこにあぐらをかいて、いつまでたっても役立たずなどころか、自分では一人前にやってるつもりになっているパパもいます。

よくいるんです。「お風呂はオレ、入れてるよ！」と言うパパ。でもよくよく聞いてみると、ちょっと残念なんです。「お風呂に入れたつもり」になっているだけだったりするんです。そんなパパのお風呂の入れ方を再現してみましょう。

まずパパが一人でお風呂に入って、鼻歌なんかを歌いながらゆっくり体を洗います。そして、湯船に浸かってふーっと一息してから、「ママー、いいよ〜！」なんて合図をすると、ママが丸裸になった赤ちゃんを連れてきてくれる。赤ちゃんを受け取って、優しく体を洗ってあげて、いっしょに湯船に浸かります。50数えてまた、「ママー、いいよ〜！」です。すると、ママが赤ちゃんを受け取ってくれます。

パパがしているのは、体を洗って、50秒間いっしょに湯船に浸かるだけです。

大変なのは、お風呂の前後のお世話じゃないですか。

それなのに、週3回、湯船にいっしょに浸かるだけで、「オレ、週のだいたい半分はお風呂入れてるよ」なんて言われてしまったら、ママとしてはカチンとくるのも当然でしょう。普段、自分が家にいないとき、ママが一人でどうやって赤ちゃんをお風呂に入れているのかというところまで想像がおよんでいないんです。

育児の実務を覚えさせるには

パパとして一人前になってもらうにはどうすればいいのでしょうか。「オム

ツ替え」や「お風呂」などの各アプリを、「正しく」インストールすることです。お風呂の例でいえば、ママがやっているように、最初から最後まで、ぜーんぶ自分でできてこそ一人前。それでこそ、「お風呂」という1個のアプリが「正しく」インストールされたことになります。

お風呂以外の育児も同じこと。育児に関する各アプリをなるべくスムーズにインストールするコツを説明します。

オムツ替えをしてもらおう！

おしっこのオムツの交換なら、どんなパパでも比較的スムーズにクリアできます。しかし、うんちのオムツ交換が苦手というパパは多くいます。

うんちへの抵抗感をなくすには、まだ量が少なく、臭くもない新生児のうち

から慣れてもらうのが得策です。

もし、その時期を逃してしまったら、荒療治しかありません。ママがお料理しているときに赤ちゃんがうんちをしてくれたら、それは絶好のチャンスです。「今、料理中だからオムツ取り替えてくれる?」と言われれば、背に腹は代えられず、やってくれるでしょう。そして、そのあとが大事。お風呂に入るタイミングや、次にオムツを替えるときにおしりをチェックしましょう。拭き残しがあっても最初のうちは指摘してはいけません。逆に、「さっきパパにおしりをキレイキレイしてもらったの! きれいにやってもらって気持ちよかったねぇ」などと、**赤ちゃんとの会話をパパに聞かせて、間接的にパパの活躍をほめましょう。**

授乳してもらおう!

直接、母乳をあげることはできませんが、ほ乳瓶があればパパも授乳できます。粉ミルクを利用しているなら、パパにも出番はたくさんありますよね。

母乳で育てている場合でも、たまには母乳をほ乳瓶に入れて、パパに授乳してもらうといいでしょう。早くからパパの授乳に慣れさせておけば、いざママがお出かけしたり、体調を崩したりしたときにも心配が少なくなります。

授乳は、単にミルクを飲ませるだけの行為ではありません。赤ちゃんをしっかり抱き、アイコンタクトをしながら、全身で愛情を伝える行為です。片手でスマホをいじりながら……なんてパパも多いかもしれませんが、せっかくパパに授乳してもらうなら、ママが母乳をあげるときと同様に、しっかりと抱っこして、目を見ながら授乳するようにアドバイスしてあげましょう。ママの気持ちを疑似体験してもらうのです。

「赤ちゃんはね、おっぱいを飲むときにじーっとママの顔を見つめるの。生まれたばかりの赤ちゃんは、ほとんど目が見えないんだけど、抱っこされておっぱいを飲んでいるときに、ちょうどママの顔に焦点が合うようになっているんだって。不思議だね」なんてうんちくを披露してもいいでしょう。

はずです。

と、パパも「えっ、そうなの！」などと言いつつ、まんざらでもない顔をする

あるいは、「あれ、私がおっぱいをあげているときとはちょっと違う表情をしているわ！　なんだか楽しそう！」などと、ウソでもいいので言ってあげる

ミルクを飲みながら自分を見つめるけなげな赤ちゃんの視線に気づけば、パパだってスマホをいじるのをやめてくれるでしょう。

お風呂に入れてもらおう！

お風呂で大変なのはいっしょに湯船に浸かることではなくて、オムツを着脱したり、体を拭いてパジャマを着せたり、スキンケアをしてあげたりというお風呂の前後のことですよね。つまり、浴室の外のことができてはじめて入浴をトータルでできるパパになったといえるのです。

かといって、いきなり最初から最後まで全部パパ一人でやるというのはちょっと無理があります。最初は、湯船に浸かる役から担当してもらってかまいません。

それに慣れたら今度は、あえてママが湯船に浸かる役を担当し、パパには浴室の外を担当してもらいましょう。ママが体を洗っている間に、パパが赤ちゃんの衣服を脱がせ、オムツを取ります。赤ちゃんが湯船で温まったら、ママか

ら赤ちゃんを受け取り、手際よく体を拭き、オムツをつけ、パジャマを着せるところまでをパパが担当するんです。最初は、パジャマやタオルや替えのオムツの用意などという仕込みをママが手伝ってあげてもいいかもしれません。そのうち、それも自分でできるようになってもらいましょう。

お風呂の外のことがちゃんとできるようになったら、今度は全部を一人でやってもらいます。近くで見ていると、つい口を出したくなってしまうでしょうから、**コンビニまで買い物に出かけるなど、外出しちゃうのがおすすめ**です。

「お風呂入れてもらっている間にコンビニに行きたいんだけど、一人でお風呂入れられる？」などと言って家を出ましょう。その間、パパは半裸で家の中を右往左往しながらも、なんとかやってくれるはずです。帰宅したら、「全部一人でやってくれて、ありがとう。大変だったでしょ」と労をねぎらってあげてください。

そうしてはじめて、パパはお風呂に入れるという行為の全容を知るのです。

寝かしつけをしてもらおう！

なかなか寝ついてくれない赤ちゃんを、毎晩寝かしつけるのは大変。寝かしつけができるパパって素敵ですよね。逆に、普段の寝かしつけができないと、夜泣きのときの戦力にもなりません。

しかし、赤ちゃんが小さいうちはおっぱいを吸いながらねんね、というパターンも多いでしょうから、なかなかパパにできることがないのも事実。実際、「寝かしつけだけはうまくできない」というパパからの悩み相談を受けることもよくあります。おっぱいという武器を持たないパパにとってはかなり成功率の低いミッションですが、やらないことにはいつまでたってもうまくなりません。

まだ卒乳もできていない段階で、パパに寝かしつけをお願いするときのポイントは、「ダメでもともと」と思うことです。赤ちゃんが眠くなるギリギリまでパパに相手をしてもらう、というくらいの気持ちがいいでしょう。最後の最後だけ、ママにバトンタッチしておっぱいでだめ押し、みたいな。

極端に言えば、赤ちゃんが眠くなるまでいっしょに遊んでいてくれるだけでもいいのです。その間、ママはテレビを見ていてもいいし、先にうとうとしていてもいいでしょう。**ママが少しでも楽ができる時間を稼いでくれれば、それでOK**だとしてください。

卒乳し、おっぱいなしでもねんねができるようになれば、パパもママも条件は同じになります。そのころには、パパ一人でも最後まで寝かしつけができるようになるでしょう。

食事の世話をしてもらおう！

離乳食が始まると、一応テーブルに着席して、「あーん」なんてやりながらごはんを食べさせることになりますよね。しかし、これがまた大変！ 赤ちゃんは食べることだけに集中できませんから、時間がかかります。はっきり言って、イライラします。

子どもが一人で食事をさくさく食べてくれるようになるのは、早くても小学生になってからです。それまでは毎度の食事が大変です。だからこそ、パパが子どもにごはんを食べさせてくれるとそれだけで助かりますよね。

せっかくパパががんばってくれているのに、「まだ食べ終わらないの！」なんて、横からせかしてはいけません。パパだって当然イライラしてますから、売り言葉に買い言葉、なんてことにもなりかねません。また、ママからのプレ

ッシャーを感じたパパが、「遊んでないで早く食べなさい！」なんて怒鳴りだし、子どもを泣かせてしまうなんてこともよくあります。**叱責のドミノ倒し**です。それでは、子どもは食事の時間が嫌いになってしまいます。

赤ちゃんがなかなか早く食べてくれないときは、いっそのこと食卓を「居酒屋スタイル」にしちゃうのがおすすめです。好きなお酒をちびちびやりながら、おつまみをつまみ、ときどき、子どもに「あーん」としてあげるような感覚でのんびりできるといいんです。パパの晩酌に子どもがつき合うみたいな。

「それじゃ、いつまでたっても食事が終わらない！」と思うかもしれません。そうなんです。でも、子どもをせかしたところで、ますます雰囲気が悪くなるばかりで、食事の時間が早く終わるわけでは全然ないんです。

また、「先に子どもに食べさせて、夫婦はあとでゆっくりと」なんて考えて

いると、イライラの原因を増やすことになります。　空腹はそれだけでイライラを増幅しますから。　まず大人が満腹になってから、　子どもにゆっくりとごはんを食べさせるのがおすすめです。

そうやって親がのんびりかまえていると、**子どもが感じるストレスも減ります**から、**むしろ食事中の問題行動も自然と減る**はずです。

あやしてもらおう！

楽しく遊んでいるうちはいいのですが、　何かの拍子にぐずってしまうと後はお手上げ、ママにバトンタッチ、というパパも結構多いです。　ママからしてみれば、そんな大変なときこそがんばってほしいのに、それではまるで役立たずですよね。

パパが上手にあやすことができるようになるには、パパの努力だけでは足りません。赤ちゃん自身がパパに慣れてくれなければなりません。そのため本来は、新生児のうちからパパとたくさん触れ合って、パパの匂いや感触に慣れてもらう必要があります。

赤ちゃんがパパに慣れていない場合は、たしかにお手上げです。しかし、そこでパパをリリースしていては、いつまでたっても状況は変わりません。

ギブアップしたパパから、バトンタッチを受け、赤ちゃんを引き受けるようなときは、ママの腕の中で赤ちゃんが落ち着きを取り戻すまで、パパにもその場にいっしょにいてもらいましょう。**赤ちゃんにとって「安心できる風景」の一部としてパパの存在を感じてもらう**のです。それを繰り返すうちに、パパの腕の中でも落ち着けるようになるはずです。

赤ちゃんと遊んでもらおう！

赤ちゃんは、言葉がわからないからこそ、全身でコミュニケーションをとろうとします。しかし、「言葉がわからないうちは何もできることがない」と思い込んでしまっているパパは案外多いようです。

赤ちゃんの手を握ってあげたり、顔をのぞき込んであげたりするだけでも赤ちゃんは喜びます。生まれて数か月もすると、「うーうー」「あーあー」と言葉にならない言葉を発するでしょう。それにあわせて、こちらも「うーうー」「あーあー」とか「うん、うん」「へぇー」などと相づちを打ってあげると、赤ちゃんにもそれが伝わるのか、もっとおしゃべりするようになります。たったそれだけのことが、赤ちゃんにとっては楽しい遊びであり、有意義な刺激であることを、パパにも理解してもらいましょう。

そうやって小さなときから赤ちゃんとの絆を深めてきたパパは、寝かしつけもあやすのも上手なことが多いようです。赤ちゃんにとっては、パパも、ママと同じくらい頼りになる存在だと感じられるようになるのです。

丸投げでバージョンアップ⁉

育児系アプリのバージョンを一気にアップグレードできる力技があります。

パパに子どもを丸1日託してみるのです。大きく分ければ、2とおりの方法があります。

一つは、ママが1日お出かけして、パパと子どもで「お留守番」するパターンです。

勝手知ったるはずのわが家においても、ほ乳瓶をどこにしまえばいいのかわからない、新しいオムツの入った箱がどこにあるのかわからない、お気に入りの絵本がどれなのかわからない……などのプチパニックを経験するはずです。

最初のうちは、1日に何度もママのスマホが鳴るでしょう。「まったく、育児相談ホットラインじゃないんだから!」って感じですけど、許してあげてください。それがその時点でのパパの実力ということです。しかし、そうやって修羅場を何度か経験すると、育児系アプリの性能は格段にアップします。

もう一つは、パパと子どもだけで「お出かけ」させるパターンです。まるで「はじめてのおつかい」ですけどね。

ミルクだの、離乳食だの、オムツだのを詰め込んだバッグを持たせて、「いってらっしゃ〜い♬」と送り出すのです。電車の中で泣き出しちゃったり、フ

アミレスでの食事中にプ〜ンとうんちの臭いが漂ったり……、おうちの中では味わえない、これまた数々の修羅場を経験することになります。そうすると、状況に合わせた柔軟な対応力が鍛えられます。

実際、子どもと二人きりのお留守番やお出かけを初経験して、「日々のママの苦労がはじめてわかった」というパパの声をたくさん聞きます。そういう状況になってはじめて、パパは自分が本当にすべきことを理解するのです。

誰もが一度は通る道。心配なのはわかりますが、早めに一度経験させちゃうことをおすすめします。

家事にまつわる勘違い

仕事が忙しくて、子どもの寝顔しか見られないというパパも多いでしょう。直接的に育児にかかわれないパパでも、せめて家事には精を出してほしいものです。しかしここでも多くの勘違いが生じます。

よくある話が、「オレ、ときどき料理はするよ」というやつです。料理は趣味でもできます。たまの週末に男の料理なんてことを気取り、中華鍋やらパスタ鍋を振り回すのは、ただの趣味です。家族にとってはちょっとしたイベントとして楽しいことだとは思いますが、基本、河原でのバーベキューと変わりません。そういうのは、料理ではあるかもしれませんが、炊事ではありませんね。

4 アプリのインストール方法 実務を覚えてもらうには

もう一つ、よくいるのが「ゴミ出しはしてるよ！」ってパパです。よくよく聞いてみると、ママが家中のゴミ箱からゴミを回収して、半透明のゴミ袋に束ねて、口を閉じ、玄関先に置いておくところまでやってくれているんです。でもそれじゃ、ゴミ袋を20m先の集積所まで運んでるだけじゃないですかねぇ。困ったもんです。

単なる筋トレです。それでも本人はやってるつもりなんです。困ったもんで

家事を覚えさせるには

というわけで、今度は家事系アプリを「正しく」インストールしましょう。

家事なんて、子どもがいようがいまいが、二人で分担するのが当たり前です

ゴミ出ししてもらおう！

ゴミ出しは、家事の中でもパパの役割の筆頭にあげられるものです。多くのパパが「ゴミ出しはやっているよ」と言います。しかし、先ほど述べたように、本当の意味での「ゴミ出し」ではなく、「ゴミ袋運び」に終始してしまっているパパが多いのも事実。ゴミの日を自分で覚えておいて、ゴミの日の朝には自分で家中のゴミ箱を回ってゴミを回収し、ゴミ袋に詰めて、集積所まで運んでほしいものです。

から、基本は「これ、やって」と正々堂々とお願いすればいいはずなのですが、うまくいかない場合も多いようです。そんなとき、「なんでやってくれないのよ！」なんて怒りをぶつけたところで、ますますパパを遠ざけてしまう可能性大。不満を隠し、次のような作戦を講じるのが大人のしたたかさです。

朝のあわただしいときに、「あっ、今日ゴミの日だった！　ゴミ出して！」とお願いすると、パパもにわかにパニックってしまいますから、できれば前日の夜にでも、「明日はゴミの日だから、リビングと台所と寝室のゴミ箱のゴミをまとめて8時までに集積所に出しておいてくれる？」とお願いするのがいいでしょう。

ただし、それを毎回やるのも骨が折れます。そこで、次の作戦を試してみてください。

ゴミ出しで特に面倒なのは分別ですね。「いろんな種類のゴミがあって、分別するのって結構大変なのよね。なにかいい方法はないかしら……」と相談してみるのです。

仕事が大好きな人ほど、相談されるのも大好きです。しかも、仕組み化や効

率化が大好物。なのできっと、次の週末にはさっそくホームセンターに出かけてシステムゴミ箱を買ったりして、分別しやすい「家庭内ゴミ収集＆分別システム」を構築してくれることでしょう。これでわが家の「ゴミ大臣」任命です。「ゴミのことならパパにおまかせ」状態にしてしまえばこっちのもんです。

食器洗いしてもらおう！

「帰るのが深夜になっても、食器洗いはオレがやる！」というパパも結構います。どんなに遅くなっても、シンクには、ママや子どもが使った食器がちゃんと手つかずの状態で放置されているのです。

それで正解です。家族3人や4人くらいの食器洗いなら、実際、どうってことはありませんから。ただし、乾いたごはん粒がちゃんととれていなかったとか、油汚れが落ちきっていなかったとか、細かいミスを指摘されるとタイミン

グによってはパパのやる気はしぼみます。そこは目をつむりましょう。

また、もしパパに食器洗いを一任するのであれば、**いつ食器を洗うのかというタイミングもパパにまかせてあげてください。**食後しばらく、満腹感を満喫してから食器洗いに取りかかろうとすることもあるでしょうし、ヘトヘトに疲れて帰宅して、食器洗いは朝起きてからにしようと思うこともあるかもしれません。使用済みの食器がいつまでもシンクの中にたまっていると気持ち悪いのもわかりますが、パパの「やる気」も大切にしてあげてください。

炊事してもらおう！

炊事とは、栄養バランスやら、家族の好みやら、お財布事情やら、スーパーの安売り情報やらという複雑な情報を考慮しながら、継続的に、毎日3食、食事を用意することです。子育て中のママたちが大変だともらすのは、料理では

なくて炊事のことなんですよね。

「男の料理」ではなく、家事としての「炊事」をしてもらうためのポイントは「冷蔵庫」です。「極上のボンゴレパスタをつくるぞ！」というところから発想して、あさりやにんにくを買いに出かけるのではなく、「冷蔵庫にあさりとにんにくがあるぞ。じゃ、ボンゴレでもつくってみるか」という発想に切り替えてもらうのです。

そのためには、冷蔵庫の中にどんなものがストックされているか、パパとママの間でつねに情報共有がなされていなければなりません。効率よく情報共有するためには、冷蔵庫の中を整理整頓しておくことが大切です。どこに何が入っているのか、定位置が決まっていれば、たとえばハムがなくなったときにすぐに「ハムがない」と気づいて買い足すことができます。

そこで試してみてほしいのが、ゴミ出しのときと同じ作戦です。「冷蔵庫の中がどうしてもうまく整理できないんだよね」なんて相談してみるのです。するとパパは、次の週末に100円ショップで小物を買い込み、冷蔵庫の中をきれいに整理整頓してくれるはずです。

掃除してもらおう！

私はよく、パパたちに「目指せ！　お料理上手よりお掃除上手」と呼びかけます。実際、ある育児雑誌で「パパに期待する家事」についてのアンケートを行ったところ、「掃除」がぶっちぎりの1位、「料理」は下のほうでした。特にパパたちにおすすめするのが、お風呂掃除とトイレ掃除です。これらは、ママたちが嫌がる家事の筆頭なんですね。そして、どんなに帰りが遅いパパでも、これぐらいならできます。

一番いいのは、**妊娠中にこれらの重労働をパパにまかせちゃう**ことです。おなかが大きいとつらいってことはどんなに鈍感なパパだってわかるはずです。一度それが習慣になれば、出産後もそのままパパにおまかせできるようになります。

妊娠期を逃してしまったのなら、お掃除グッズの買い出し作戦はどうでしょう。ドラッグストアやホームセンターには、いろんな便利なお掃除グッズが並んでいて、見ているだけでも楽しいですよね。微生物の力を利用するカビ取り剤だったり、水だけで何でも落とせるスポンジだったり……。そう、グッズ選びからお掃除に興味を持ってもらい、実際にその威力を試してもらい、「そんな方法があったのね！」などと感激しながらそのままおまかせしちゃえばいいのです。

整理整頓してもらおう！

子どもがいると、おうちの中にモノがあふれます。どうしてもおうちの中が雑然としがち。そんなとき、パパが率先して整理整頓してくれたらいいですよね。

これもお掃除と同様、妊娠中のおなかが大きい時期におまかせできちゃえば手っ取り早いんです。でも、その時期を逃してしまったとしたら、ちょっぴり女優になってみるのも一案です。「家の中が散らかりっぱなしでごめんね。これじゃ落ち着かないよね。でも、片づける時間も体力もなくて……」とちょっぴり申し訳なさそうに弱音を吐いてみるのです。

そこで、「そんな、気にしないで。オレがやるよ」と言ってくれればしめたもの。しかしもし、「別にいいよ」だけで会話が終わってしまう鈍感パパが相

手なら、もうひと押し必要です。「悪いんだけど、アレをこっちにしまってく

れる？」と、重めのモノを片づけるようにお願いしてみましょう。弱音を聞か

されたあとにお願いされては、どんなにわがままなパパでも断れません。そし

てすかさず、「ありがとう。片づけって意外と体力消耗するのよね。助かるわ」

と感謝の気持ちを伝えましょう。

そもそも、何をどこにしまうべきなのか、定位置を知らないパパが多いんで

す。だから、**具体的に「何をどこにしまうのか」を指示するのもポイント**で

す。いちいち指示を出すのは面倒ですけど、だからといって全部自分でやって

しまうよりはましでしょう。損して得取れの精神です。

洗濯してもらおう！

子どもがいると洗濯物も増えます。洗濯機を1日に何度も回さなければいけ

なくなるでしょう。

そうなってしまってから、パパに洗濯物を託すとなると、難易度が格段に上がります。できるだけ早いうちから「洗濯」アプリをインストールし、徐々に量にも慣れてもらうのが賢い選択です。

洗濯といったって、昔のように洗濯板で洗うわけではありません。今の洗濯機はとっても頭がいいですから、ボタン一つで最適な洗濯モードを選んでくれます。それなら誰にだってできるはず。でも、大変なのはそこじゃないんですよね。洗濯物を干して、取り込んで、たたんで、元の場所にしまって……という一連の作業が面倒なわけですから、まずはそこそこをパパにやってもらいましょう。

干したり取り込んだりというのはタイミングが重要ですから、「私がオムツ

を取り替えている間に、洗濯物取り込んでもらえるかな」とか、「私は朝ごはんの支度をするから、その間に洗濯機の中のものを干しといて」などと、「私は別のことで忙しい」ことをアピールしながらストレートにお願いできるといいですね。

洗濯物をたたむというのは、つい後回しにされちゃいがちなんですけど、それも「私が食器洗ってる間に、その洗濯物たたんで、タンスにしまっておいてもらっていい？　二人で手分けすれば早く終わるでしょ。早く終わらせて一杯飲もうよ」などとニンジンをぶら下げてお願いしてみましょう。

「そんなのニンジンにならないわ」なんていうママがいるかもしれませんけど、**それって自分の魅力を過小評価しています。**意外に喜んでがんばってくれるものなので、だまされたと思って試してみてください。

話し相手になってもらおう！

特に専業主婦家庭の場合、日中ママは子どもとしか会話していないということもよくあります。子どもを寝かしつけたあとなどの夫婦水入らずの時間に、そんなママの話し相手になるのもパパの重要な役割です。

しかし残念ながら、たいがいのパパは「聴き方」が上手ではありません。最初は話を聴いていても、いつの間にかママの話を評価・評論し、もっともらしいアドバイスまでしてくれて、上から目線でドヤ顔しちゃったりするのです。

そうさせないためには、「アドバイスとかいらないから、ただ聴いてほしいんだけど……」と言って話しはじめ、言いたいことを言い終わったら、パパが余計なことを言う前に、先に「ああ、すっきりした。聴いてくれてありがとう」とお礼を述べてしまうことです。慣れないうちは、パパは「え、これだけ

でいいの？」とポカンとした表情を浮かべるかもしれませんが、場数を踏むことで「これでいいんだ」とわかるようになります。そうこうするうちに、「聴く」技術が向上します。

ちなみに、ある調査によると、**男性が女性のとめどもない話を聴いていられる最大時間は15分程度**ということでしたから、できれば15分程度に話をまとめられると、お互いに気持ちよく話を終えることができるでしょう。

ルールで縛りつけるのはNG

と、ここまでいろいろなアプリのインストール方法を説明してきました。一度にたくさんのアプリをインストールしようとしても故障の原因になりますか

ら、一つができたらまた一つというように、ゆっくり時間をかけてインストール作業を行ってください。

そもそもパパにやる気がない場合は、思うようにいかないかもしれませんが、そこで「もう知らない！」とキレてしまったらゲームオーバーです。

また、育児や家事をどのように分担するかという話もあると思います。たとえば共働きで、夫婦で家事も育児もきっちり半分の作業量を分担することがお互いに満足のいく分担方法だという場合もあるでしょう。逆に、「家のことはいいから、しっかり稼いできなさい！」と妻が夫のおしりを叩くのがベストバランスという家庭もあるでしょう。そのさじ加減は、時間をかけて調整し、逐時見直すべきものです。

分担についてのルールをある程度の大枠で決めておくのはいいと思います

が、かといって何でもかんでもルールでパパを縛りつけるのはおすすめできません。**過度に縛りつけられたパパは、時に暴走したり故障したりすることがあり、結局ママの負担を倍増させることになる**からです。

以前、「パパから言われてムカつく言葉」というアンケートの1位が「手伝おうか？」だったという記事を見たことがあります。なるほど、「手伝う」という言葉には、当事者意識が感じられませんよね。無意識のうちに、あくまでもママが主体者であると考えている姿勢がにじみ出てしまっているわけです。

だからといって、「何、その言い方は！」とパパを追い詰めてもいいことはありません。「どうしたら当事者意識をもってくれるか」と考えるのが、大人の対応です。

「私は子どもの世話で大変なんだから、すべきことを自分で見つけてやってほ

しい」というママの声もよく聞きます。ごもっともです。しかし、パパが自分の望むように動いてくれていないのだとしたら、いきなり「不満」として伝えるのではなく、**まずは何をどうしてほしいのか、ママの「ニーズ」をハッキリと伝えたほうが、そのあとの話がスムーズになります。**

子育てで大忙しのこの時期を通して、お互いに遠慮なく、「お願い」と「感謝」が伝えられるようになると、長い夫婦生活、何かとうまくいくようになるのではないでしょうか。

第 5 章

故障かな？
と思ったら

エラーメッセージを見逃さないで！

各種アプリのインストールが正しく完了すれば、ひと安心。パパが本当のパパらしくなってきたのではないかと思います。ただし、燃料やメンテナンスが不足していると、暴走したり、すねたり、やる気をなくしたりすることがあります。そのまま放置しておくと、致命的な故障にもつながりかねません。

パパが思いどおりの働きをしてくれないとき、それはパパからのエラーメッセージだと思ってください。 何かがうまくいっていない、どこかの歯車がかみ合っていないというエラーメッセージを無意識のうちに発しているのです。

だから、「どうしてちゃんとやってくれないの！」とパパを責め立てたい気持ちが湧いてきたときこそ発想を転換してください。「これは、パパからのエ

Q

だんだん消極的になってきている……

育児、家事のルーティン化を防ごう！

A

ついこの間まで育児も家事もバリバリ積極的にこなしてくれていたのに、だ

ラーメッセージ。どういうメンテナンスをしたら、いい状態に戻ってくれるの
か？」と考えるようにしましょう。

燃料を注入し、ゆっくり休ませ、適度な遊びも与えているのに、それでもう
まく動いてくれないという場合は、状況に応じて以下のような方法を試してみ
てください。早め早めにメンテナンスをほどこせば、きっとすぐにまた「いい
感じ！」に戻りますよ。

んだんやる気が感じられなくなってきたというパターンです。

新しいアプリをいっぱいインストールされて、いろんなことができるようになったパパは、それがうれしくて、しばらくの間はフル回転で働いてくれます。しかししばらくして、仕事がルーティン化してくると、新鮮さが薄れ、だんだんと面白くなくなってきます。

たとえば、育児や家事の分担をあまりに明確に切り分けてしまうと、ルーティン化を早めます。「ここは自分のやるべきところ、そちらはママがやるべきところ」のように、線引きが明確すぎると、お互いのやっていることが見えなくなるのです。そうすると、お互いのがんばりに対する承認・評価・感謝ができなくなってしまいます。

なんだか落ち込んでるみたいだけど……

いたわりのひと言で悪循環をストップ！

考えられる主な原因は、仕事で嫌なことがあったとか、気がかりなことがあるなどでしょう。そのような状態では、家に帰ってきても前向きな気持ちには

なので、**ときどき役割を入れ替えたり、柔軟に役割分担をするほうがいい**でしょう。「トイレ掃除ってやっぱり大変ね。いつもありがとうね」とか「あれ、オムツ取り替えておいてくれたの⁉ ありがとう」なんていう会話が生まれやすくなります。そうなると、相手の喜びそうなことを見つけてもっとやってあげようという気持ちにもなりやすくなり、前向きな気持ちが持続します。

なれず、気持ちがリフレッシュできないので、仕事もますますうまくいかなくなるという悪循環になることがあります。

仕事の問題をママが解決してあげることはできません。だからといって、ママには何もできないというわけでもありません。弱っているパパの気持ちに寄り添うことで、パパが自力で問題を解決するのを援助してあげることはできるはずです。

まず、「どうしたの？　最近ちょっと疲れているみたいよ」などと**パパの変化に気づいていることを伝えることが大切**です。それだけで、「何も言っていないのに、オレのつらい気持ちに気づいてくれているのか。なんて優しい妻なんだ！」と感激し、「こんなことでへこたれている場合じゃない！　オレもがんばらなき

ゃ！」と奮起してくれることもあります。

もしそこで、「そうなんだよ……」と弱音や泣き言をもらす場合には、「そうなの、それは大変だったのね」と話を聴いてあげてください。ただ聴いてあげるだけで結構です。弱音や泣き言といった心の異物を吐き出すと、仕事も育児も家事も、再び前向きに取り組むようになります。

ちなみに、いくらエラーメッセージを発してもママがそれに気づいてくれないと、仕事帰りの寄り道が増えることがあります。「最近、毎晩飲んできて、しかもあんまり楽しそうじゃないなぁ」なんてときは、それこそ深刻なエラーメッセージだと考えてください。

悪循環を止める特効薬は、いたわりのひと言なのです。

不機嫌で、言葉もとげとげしい……

ママの愛情という燃料補給を!

しかめつらをしているだけでなく、言葉までとげとげしいとなると、これはママに対する明らかなメッセージです。SOSといっていいかもしれません。自分の中にあるなんらかの不満に気づいてほしいのです。

昨日の晩のおかずが一品少なかったとか、飲みに行って帰りが遅かったことを必要以上にとがめられたと感じているとか、不満の原因はいろいろ考えられます。

しかし、一番可能性が高いのは、ママからの愛情不足です。

本当はもっとママにかまってもらいたい。だけど、ママは子どもの世話で大変だから「もっとかまって」なんて言えない。そうでなくたって、自分から「もっとかまって」なんて言えない。だけどやっぱり本当はかまってもらいたい……。そんな気持ちの裏返しで、あからさまにとげとげしい口調や、ぶっきらぼうなものの言い方になってしまうことがあるのです。

挑戦的なとげとげしい口調の人に、面と向かって優しく接するなんて、聖人君子でもない限りなかなかできませんよね。そんなときは放っておくのも一つの手でしょう。いつまでもツッパっていてもしょうがないと、自ら態度を改めるかもしれません。

しかし、**もし傷ついたパパをいたわる余裕があるのなら、唐突に甘えてみるのもいいでしょう。**甘えたいのは本当はパパのほうなんですけれど、ママのほ

うから甘えてあげちゃうのです。この作戦なら、プライドの高いパパでもいちころです。いつの間にか、パパがママに甘えてくるでしょう。

Q ふてくされている感じで、やる気がない……

A 怒られたことを根にもっているのかも

何をするにも投げやりな態度、思春期男子のようにふてくされた表情をして、やる気が感じられない場合、もしかして、ママに怒られたことを根にもっているのかも。傷ついちゃったのかもしれません。胸に手を当てて考えてみましょう。

せっかくパパがオムツを替えてくれたのに、使用済みのオムツの捨て方が悪

いと非難したりだとか、せっかく洗濯物をたたんでくれたのに、たたみ方が雑だと文句を言ったりだとか……。

「もっとできるパパになってもらうため」と思って言ったことが、思った以上にパパの心を傷つけてしまうことがあります。それでへそを曲げているのかも⁉

「そんなことで傷つかないでよ」と思うでしょうけれど、パパも意外と繊細なんです。過ぎてしまったことはどうしようもないですし、今さら「傷ついたんでしょ。ごめんね」なんて言っても、パパのプライドを余計に傷つけますから、今後気をつければいいと思うようにしましょう。

ママたちだって、たとえば会社の上司や姑さんから「これはこうしなさい、ああしなさい」と事細かに指示されたら、やる気をなくしちゃうでしょう。誰

だって、「自分のやり方でやってごらん」と言われたほうがやる気になります。少々下手なところややり方の違うところには目をつむり、ほめ言葉と感謝の気持ちを忘れないことが、パパを生き生きと活動させるコツなんです。

急に忙しくなったとかで、家に帰ってこなくなった

帰ってきたくなる家のムードをつくろう！

本当に仕事が急に忙しくなることはあります。そんなときは、パパだってつらい気持ちでいっぱいです。家族といっしょに十分な時間を過ごせないという申し訳なさもあるし、自分だって家族といっしょにいたいのにいられないという寂しさもあります。そこに追い討ちをかけるようにママから「どうして最近仕事ばっかりなのよ！ ワークライフバランスをしっかり保ちなさいよ」なん

140

て正論を叩きつけられちゃったら、パパはガーンと凹んでしまいます。あんまり責めないであげてください。

しかし、ママだっていつまでもそんな状態では精神的に参ってしまうでしょう。そんなときは、**見通しを立てることが大切**です。

「最近大変そうね。いつくらいに山を越えられそうなの?」と見通しを聞くのです。いつくらいまでがんばればいいのか、目途が立つだけで、漠然とした不安から解放されるはずです。そしてできることなら、「じゃ、それまで家のことは私がやるから、お仕事がんばって早く山を越えてね。落ち着いたら、家族で旅行なんかもいいかもね」などと、励ましてあげてください。

ただ、もう一つ、気になる可能性があります。家に帰るのが嫌で、仕事に逃げているということはないでしょうか。

もしそうなら、ママとしてはなおさら面白くないでしょう。でも、そこで怒りをあらわにしてしまっては、ますますパパを家から遠ざけるようなもの。もしかしたら、育児や家事よりも、ママのそのイライラが怖くて、家を避けているのかもしれません。実際、「パパの悩み相談横丁」には、「育児ストレスをため込んだママが待っていると思うと、まっすぐ家に帰ることができなくなります」という相談がよくあったのです。

まっすぐ家に帰れないから、帰宅時間が遅くなり、育児も家事も中途半端になる。そして、ママの育児ストレスがさらにエスカレートする……。完全に悪循環です。

何をしてもどんくさい

ママ自身にストレスがたまっているのかも!?

この悪循環を断ち切るためには、ここは一つ、大人な対応が必要です。帰り

が遅くとも嫌味は言わず、逆に早く帰ってきたときには、「最近、忙しくて大

変そうね。家ではくつろいでね」といたわりの言葉でもてなします。そうやっ

て、**早く帰ってきたくなる家のムードを演出する**のです。

この際、本心は伴っていなくてもかまいません。パパが家に帰ってきてくれ

ないことにはどうしようもないのですから、甘い香りで誘いこむことが先決です。

一般的に、誰かに対して「もー、まったくどんくさいわねぇ！」と思うと

き、2つの状況が考えられます。本当に相手がどんくさい場合と、自分がせっかちすぎる場合です。たいていの場合、その両方が当てはまります。

ママ自身が少しせっかちになってしまっているときは、もしかしたらママにストレスがたまってしまっているのかもしれません。子育てライフにストレスはつきものです。ストレスがたまっているときは、周囲に対しても寛容な気持ちではいられなくなります。子どもに対しても、パパに対しても、

自分の抱えるストレスに無自覚なまま生活を続けると、気づかないうちに子どもやパパにストレスをお裾分けしてしまうことがあります。ストレスを受け

取った子どもやパパは、問題行動という形でエラーメッセージを発するので、ママにはますますストレスがたまります。つまり、ストレスをため込んだままにしているということは、自分で自分の首を絞めるようなことなのです。

「最近、ストレスたまってるかも……」と思ったら、自分なりの方法でストレスを解消してみてください。1日15分でもいいので趣味の時間をつくってみるとか、たまには子どもをパパに預けてお友だちと遊びに行くとか、家族でカラオケなんてのもいいかもしれません。

そして時には、あえてちょっとのんびり屋さんなパパのペースに合わせてみるというのも悪くはないはずです。

なんだか最近、イライラしているような……

ガマン比べ大会をやめよう！

おたくのパパ、もしかして、ガマンをしすぎているのかもしれません。

たとえば、「ママは子育てをがんばって、趣味をガマンしているのだから、オレだって自分の趣味をガマンしなきゃ」なんていうのは、気持ちとしては立派なのですが、ちょっと危険です。

そういう発想になると、夫婦の間でお互いに、「相手もガマンしているのだから、自分もガマンしよう」とい

う不文律ができあがってしまうことがあるからです。

「相手がガマンしているから、自分もガマン」というのは、裏を返せば「相手がガマンをやめたら、自分もガマンをやめてしまう」という発想です。本当の意味のガマンではありません。無意味な「ガマン比べ大会」のようなものなのです。

人は、自分がガマンしていると思うと、無意識のうちに相手にもガマンを求めるようになります。相手のガマンのほうが少ないと思うと、「ズルい」と感じ、無意識に相手を責める気持ちが芽生えます。そうして、お互いにどんどんガマンのレベルを引き上げていってしまうのです。

こんな、お互いに首を絞め合っているような窮屈な生活は長続きしません。いつかどこかで、ちょっとしたことがきっかけで爆発し、収拾がつかなくなる

ことがあるのです。だから、ガマンは禁物です。

先ほど例にあげたように、ママが趣味をガマンしている場合、「ママがガマンしているから、オレも自分の趣味をガマンしよう」という発想をするよりも、「どうやったらママに趣味の時間をつくってあげられるか」と発想してくれるパパのほうが健全です。

たとえば、パパが子どもと二人でお留守番ができるようになれば、ママは趣味のお稽古に行くことができるわけです。あるいは、ママがおうちで趣味に没頭する間、パパは子どもと二人で遊園地に遊びに行ってもいいかもしれません。お互いに首を絞め合い、ガマンのレベルを上げていくのではなく、**お互いに相手がやりたいことを実現できるよう努力をすることが大切**なのです。

もしパパがガマンモードになってしまっているときには、「たまには遊びに

出かけたら」とか、「心配しないで、趣味を続けてくれていいんだよ」などと
いうひと言をかけてあげてください。

「キミがそんなにがんばっているのに、オレだけ遊びに行くなんてできるわけ
ないじゃないか！」なんて返事が返ってきた場合は、「だってあなたがガマン
している限り、私もガマンを続けなきゃいけないでしょ。あなたが遊びに行っ
てくれたら、私も遊びに行くから。そのときはこの子の子守り、お願いね」と
諭してあげましょう。はじめは、キョトンとした目で見られるかもしれません
が、次第に「あ、そうか」とわかってくれるはずです。

5

故障かな？と思ったら

暴走、離脱などに対処する

やる気満々でうっとうしい……

好ましい行動はほめ、好ましくない行動はスルー

パパであることに誇りを感じてがんばってくれるのはありがたいのですが、「オレ、やってます!」的なアピールが強く、ママに対して恩着せがましかったり、育児や家事のおいしいところばかりをやろうとしたりと、ママからすればありがた迷惑に感じるパターンです。

もともと、どんなことにも一生懸命の張り切り屋さんタイプのパパに多いかと思います。やる気になるのはいいのですが、ちょっぴり方向性がずれてしまってい

るのです。

「調子に乗ってんじゃねーよ！」と言いたくなる気持ちもわかりますが、パパだって悪気があるわけじゃありません。それに、せっかくのやる気をへし折ってしまうのももったいないところ。**うっとうしいほどのやる気を正しく方向修正してあげてこそ一枚上手の対応**というものです。

では、どうすればいいでしょう。

まず、好ましくない言動は軽くスルーしてください。ほめてほしそうにしていても、「あっそ」って感じで相手にしないでください。逆に、好ましい言動には大げさにリアクションしてください。「すごい！」「さすが！」とか、簡単な言葉を満面の笑みで言ってあげれば十分です。

アピール意識の強い人は、つねに、人から評価されるかどうかで行動を選択します。評価の得られない言動は減る。より大きな評価の得られる言動は強化される。その原理を利用するのです。

しばらくそんなことを続けていくうちに、うっとうしさはある程度おさまるはずです。

Q ママの育児にいちいち口出ししてくる

A 夫婦の育児は違っていいのだとわかってもらう

パパスイッチが入ったとたんに、育児書や育児雑誌を読みあさり、インターネットで最新の情報もチェックして、にわか知識をひけらかしたりするパパも

たまにいます。

最初は頼もしいし、うれしいのですけれど、それだけでは終わりません。恐れ多くも、ママがちょっと手を抜いたところを非難したり、ママのやり方を否定したりなんて暴挙（！）にまでおよぶことがあります。

もちろん、ママとしては面白くありませんよね。でも、そこで「じゃ、自分でやりなさいよ！」とか「ウザい！」などと言い返してしまうと、ガチンコのにらみ合いになってしまいます。

いちいち口を出されて、カチンとくる場合には、「言いたいことはわかった

153

けど、そういう言い方をされると傷つくな」とか、「そうやって否定されるような言い方をされると、自信がなくなっちゃうな」などと、言われたことはいったん受け止めつつ、**「言い方」に焦点を当てて自分の気持ちを伝えましょう。**

「言い方」に焦点が当たっていれば、パパも反論されたとは思わず、指摘を冷静に受け止めることができます。そのうえで、意見の食い違いについて話し合うという大人どうしのコミュニケーションに持ち込めます。

では、二人の意見が完全に食い違うときは、どうしたらいいのでしょうか。

結論から言うと、ほっとけばいいんです。

「ママの育児とパパの育児は違ってナンボ」です。お互いに、相手が自分と同じような価値観で、同じように子どもと接してくれることを期待してはいけません。かわりに、それぞれのやり方を認め合えばいいのです。

よく、「子育てに対する夫婦の価値観は揃えておかないと子どもが混乱する」という人もいますけど、そんなに厳密にやる必要はありません。どんなに息のピッタリあった夫婦でも、もともと赤の他人だった二人の価値観がぴったり揃うということはあり得ませんから。

方向性を揃えることはできると思います。「あそこを目指そう」みたいな。でも、どうやってそこまでたどり着くかについては、それぞれ違う手段を選んだりするものです。

逆に夫婦がまったく同じ価値観をもっていたら、その子は夫婦共通の価値観をそのまま引き継いだ、ただのコピーロボットになってしまいますよね。要するに、夫婦の考え方や育児の手法が違うことが、子どもの可能性を広げる幅になるのです。

日ごろから、お互いの考え方の違いを認め、「パパとママのやり方は違って

ナンボ」という話をしておくと、余計な葛藤は防げるようになるでしょう。

勝手なことをしはじめた

危険でないことはやらせておこう！

いわゆるパパの暴走ですが、見方を変えれば自律システムが作動したという

ことです。

前述のとおり、「ママの育児とパパの育児は違ってナンボ」ですから、パパ

がオレ流育児を始めたとしても、**気にせずに好きにやらせてあげてくださ**

い。せっかくママが厳しくしつけているのにパパが甘やかすとか、その反対と

か、いろいろあるとは思います。でも、それでちょうどいいバランスになるのです。

家事についても暴走する可能性は十分にあります。勝手にキッチンまわりを整理整頓してくれるのはいいのだけど、何がどこにあるのかわからなくなっちゃったり、たまっていく洗濯物をどんどん洗濯してくれるのはいいのだけど、いっしょに洗ってほしくないものまでまとめて洗っちゃったり……、オレ流家事で突っ走っちゃうこともあります。

大変申し訳ないのですが、実害がない限り、大目に見てやってください。大切なのは、「パパ流 vs ママ流、どちらに統一する？」の対立構図にしないことです。「どちらのやり方もアリ」と認め合い、いったんまかせたのなら文句は言わないことです。

Q 家にずっといて、稼いでこなくなった

それもアリ！

男性が働き続けなければならないなんて決まりはありません。それで生活がまわるなら、それもアリではないでしょうか。

それではお金が足らないというのなら、世間の常識にとらわれずに、自分たち夫婦のあるべき稼ぎ方について話し合い、新しいライフスタイルを模索するチャンスとしてとらえるといいと思います。

そういう家族が増えていくことによって、**世の中もだんだん変化していくはずです。**

158

テクニックを子育てにも活かそう

ここまで、パパの暴走、離脱などが起きた場合の対処法を見てきました。「子どもを育てるだけでも大変なのに、どうしてパパのためにここまでしなくちゃいけないのよ！」という非難の声が聞こえてきそうです。ごもっとも。

本来はパパが自己メンテナンスすべきであり、**パパの不調は決してママの責任ではありません**が、とはいえ、どこかでボタンをかけ違ってしまった場合、ボタンのかけ違いをそのままにしておくよりも、気づいたほうから状況の改善の働きかけを行うほうが、長い目で見たら、絶対にお得なはず。

それだけではありません。パパとのコミュニケーションテクニックは、実はそのまま子育てにも応用できるのです。

たとえば、なんらかの不満が心にあるときに、問題行動というエラーメッセージでSOSを発するのは、パパも子どもも同じです。「どうしてそんなことをするの！」と責めたくなったときに、「どうしたらそんなことをしなくなるだろうか？」と発想を切り替えるテクニックも、そのまま子育てに使えます。

好ましい言動に焦点を当てて強化し、好ましくない言動は軽くスルーするというワザも、子どもへのかかわり方と同じです。

妊娠期間中や、子どもが生まれて間もないうちに、パパとのコミュニケーションテクニックに磨きをかけることができたママは、子どもとのコミュニケーションも上手にできるはずです。しかも、「自律的なパパ」がそばにいてくれるわけですから、きっと物理的にも精神的にも、さらに余裕をもって子育てに取り組めるでしょう。

テクニックを社会生活にも活かそう！

さらに言えば、これまで説明してきたコミュニケーションテクニックは、実は心理学の「交流分析」や「アサーション」といった理論の応用ですので、家庭内に限らず、世間一般の人間関係にも十分使えるものばかりです。世界的名著『D・カーネギー 人を動かす』にも似たようなことが書かれています。

一方的に相手を変えようとするのではなく、**自分と相手の双方にとって良好な関係をつくり上げていくためのテクニック**です。それを子育て真っ最中のママとパパによるある状況に具体的に落とし込んでみただけなのです。家庭内でこれが自然にできるようになれば、知らず知らずのうちに、家族以外との人間関係も良好になっていくはずです。

世の中に完全無欠の人間なんていません。みんなどこかしら未熟で不完全です。その大前提を忘れて、「あるべき姿」を求めたり「正論」をぶつけたりするだけのコミュニケーションがうまくいくはずがありません。

むしろ人はいくつになっても未熟で不完全だから愛おしいのです。家族とのドタバタなコミュニケーションを通して、他人の未熟さや不完全さを受け入れる器が大きくなると、より多くの人を愛おしいと思えるようになります。すると、何より自分の人生がより豊かになるはずです。

第 **6** 章

日ごろの
お手入れ

夫婦対等の落とし穴と
その対処法

「鬼に金棒」に隠されたワナ

パパの取り扱い方法について、ひととおりの説明が終わりました。

パパはパパで、自分は一人前のパパになったと自信をもち、「ママに負けないくらいにがんばるぞ！」と前向きな気持ちで、育児に家事に、そして仕事に取り組む勢いになっていることでしょう。

自律的なパパを味方につけたママは、まさに鬼に金棒。子育てライフに怖いものなしです。

が、しかし、最後に知っておいていただきたいことがあります。

男性が育児に積極的にかかわることって、世の中的に大歓迎されているじゃないですか。

- ママの負担が減る
- ママが笑顔になれば子どもも笑顔になる
- 子育て中の女性のライフスタイルに幅ができる

などのメリットがあげられて、一見いいことずくめなんですが、**実は落とし穴も隠されてる**ってことにみんな気づいていないんです。

子育て夫婦の「皮肉な葛藤」

想像してみてください。

あなたは、とある中小企業の創業経営者です。自分の判断力と行動力にはそこそこの自信もあります。これからも会社をなんとかよい方向へ導き、成長させていきたいと思っています。そこに突然、あなたと同様に会社や社員を愛してくれる共同経営者が現れました。

最初は感激しました。「これで自分の重荷が半減する」と。しかし、そう思ったのもつかの間。次第に二人の意見が食い違うようになりました。会社をよりよくしたいという目的は同じなのに、そのためにとる経営戦略が、まるで反対意見だったりするわけです。

あなたと共同経営者は、次第に険悪な関係になっていきます。口もききたくなくなります……。

ワンマン経営者には、重責を負う大変さのかわりに、自分の好きなようにできる自由があります。しかし、共同経営者が出現することで、そういうわけにはいかなくなるのです。

これと同じことが家庭でも起こるのです。

ママがワンマン経営者状態で子育てしているとき、ママにのしかかる時間的、物理的負担は大変なものです。その一方で、ママの好きなペースで好きなようにできるというメリットはあったはずです。逆にパパが主体的に育児にかかわることで、笑顔になるはずだったママの目がだんだんつり上がり、眉間に

は深ーいしわが刻み込まれることがあります。

これが子育て夫婦の皮肉な葛藤です。

「子育てはキミにまかせた」というパパのセリフ。これを悪く解釈すれば、無責任、放任ですが、良く解釈すれば、「キミの子育てを信頼している」という意味です。

パパの子育てに大きな期待を抱くママがいる一方で、まかされることに憧れるママも結構いるということは知っておくといいでしょう。

「上手な夫婦ゲンカ」の3か条

葛藤が生じても、「パパの故障」ととらえて対応できるうちは、まだだいじょうぶ。でも、ママの心にもパパの心にもすでに余裕がなくなっているとしたら、もはや、スマートな解決法なんてありません。

夫婦ゲンカの始まりです。

よく「夫婦ゲンカは犬も食わぬ」といいますが、私はそれほど悪いものとは思いません。上手に夫婦ゲンカができる夫婦は、まったく夫婦ゲンカをしないおしどり夫婦よりも幸せなんじゃないかとさえ思います。ケンカとは、恥じらいもなく、大人げもなく、怒りをあらわにしてでも、自分のことを相手にわかってもらいたいという情熱の証しなのですから。

でも、「上手にケンカをする」ってところがミソです。

それができない夫婦が多いのです。上手にケンカする技術がないから、ケンカのたびに余計なエネルギーまで消費して、疲弊します。夫婦関係そのものにうんざりしはじめ、ケンカを回避するようになります。そうなると、ケンカの回数は減るのですが、解決すべき問題は山積みに放置されたままになります。いつかちょっとしたきっかけで火がつくと、取り返しのつかない大爆発を起こすのです。

つまり、**ケンカする意欲すらなくなったとき、夫婦関係崩壊への秒読みが始まる**わけです。そんなことになったら大変！というわけで、上手に夫婦ゲンカをするための心得を3つ紹介したいと思います。

勝とうとしない

そもそも**夫婦ゲンカの目的は、相手を叩きのめすことではなく、その先にある相互理解**です。相手のことを嫌いになるためにケンカしているのではなく、自分のことをもっと理解してほしいから、ケンカになっているだけなんです。

それでも、ケンカをしていると、どうしても相手を打ち負かしたくなります。白黒つけたくなる。

でも、よく考えてみてください。夫婦はそもそも運命共同体なんですから、白黒つけたところでどちらも得をしないわけですよ。ケンカに勝って、一瞬の優越感を感じたところで、後に待っているのはいつ終わるかわからない、沈黙という気まずい仕返しだったりするわけです。

つまり、夫婦ゲンカの第一の極意は「勝とうとしない」です。

仲直りまでがケンカ

ケンカをしっぱなしにしてはいけません。**ケンカを始めたら、必ず仲直りすること。**

小学生のとき遠足に行くと、よく校長先生が、「おうちに帰るまでが遠足です」というスピーチをしてくれたと思います。それと同じです。仲直りするまでが夫婦ゲンカです。

「それが一番難しいんじゃない！」と言いたくなるかもしれませんが、そんなことはありません。言いたいことを言い合ったら、下手に話をまとめようとせず、握手でもハグでもして、「意見は違っても、お互いにかけがえのない存在

である」ことだけは確かめ合って、はい、仲直りです。

内心はまだムカついている状態で握手だのハグだのするときは、磁石のN極どうしを無理やりくっつけるような気持ちの悪い抵抗感を覚えるでしょう。そんなときは、無理に心を込める必要はありません。明日の朝ごはんのことでも考えていればいいんです。

それでも不思議なことに、「**行動すると、気持ちはあとからついてくる**」んです。これがさっさと仲直りするコツです。

無理にまとめようとしない

要するに、夫婦ゲンカを早く終わらせるためには「無理にまとめようとしない」という姿勢が大切です。

ケンカをすると、「じゃ、どこを落としどころにしましょうか」と「ケンカの成果」が欲しくなっちゃいますよね。ポーツマス条約みたいな。でも、お互いが納得するような結論を、短期間の感情的な言い合いの中で見つけることなんて、そもそもほとんど不可能なのです。

話をまとめようとするから、いつまでたってもケンカが終わらないんです。無理にまとめようとするから、余計に話がこじれるんです。

繰り返しになりますが、ケンカの目的は相手を叩きのめすことではなく、相互理解です。相互理解とは、相手の価値観に自分を合わせることではありませんし、その逆でもありません。「相手はこういう価値観に基づいて、こういう思考・判断・行動をしているんだな」という状況を、ただ「知る」ことです。それだけでいいのです。

つまり、**お互いの本音がわかれば、ケンカの目的は達成された**ということです。

目的が達成されたら「仲直り」ですよね。

「それじゃ何も解決しないじゃない!」って思うでしょう。でも、だいじょうぶ。お互いの本心を共有すると、そこから不思議なことが起こります。

無意識の歩み寄りが始まる

夫婦ゲンカで、お互いの本心・本音とか問題意識みたいなものを共有したわけじゃないですか。すると、あら不思議。その日から、「無意識の歩み寄り」というのが始まるんです。

たとえば、飲んで深夜12時に帰宅したパパに、「せめて11時くらいには帰ってきてよ！」と詰め寄って、パパはパパで「だって、途中でオレだけ帰るってわけにもいかないだろう！」なんて反論して、ケンカになったとしましょう。

そこで、ありがちなのは「門限を11時にします！」「そんなの無理！」みたいな綱引きや、「じゃあ、間を取って11時30分には帰ってくるっていうルールはどう？」みたいな駆け引きですよね。でもそれ、しなくていいんです。

先ほど述べたように、まずはお互いの考えていることを説明します。たとえば、ママのほうはなぜ12時だとダメで11時だと許せるのかというようなことを説明するのです。パパのほうは、どうして遅くなってしまうのかという事情を話すという感じです。そうやって、それぞれの腹の中をさらけ出して共有します。それで、ケンカはおしまいにするのです。

すると数日後、パパが11時45分に帰ってくるという現象が起こったりします。「ママに言われたから」という「意識」はないんだけど、わざわざ遅く帰ることもないかな、という気持ちに自然となるんですね。ママのほうも、「この前言うべきことは言ったから、これ以上うるさく言う必要もないかな」と、小言は言わないでおく。すると、今度はなぜか11時30分に帰ってくるようになる。ママもいつもよりちょっぴりにっこりお迎えする。そうすると、さらに翌日は11時15分くらいに帰ってきて……。ママも、「ま、これくらいならいいか」なんて思えるようになっていたりして。……みたいな好循環が起こります。

つまり、**本人でも気づかないうちに、じわりじわりと「いい落としどころ」に向けて、無意識的に歩み寄ることができる**んです。

心理学では、「人間の行動の9割は無意識が決定している」などといわれま

す。

「自分にとって大切なあの人が、実はこんな問題意識をもっているんだ」といことが情報としてインプットされると、それをもとにして無意識が勝手に自分の行動を誘導するんですね。

夫婦ゲンカで夫婦が進化

その証拠に、みなさんも「数か月前に激しくケンカして、その後特に何のすり合わせもしていないのだけれど、今さらケンカする気にはならないな。ま、いっか」と思った経験がたくさんあるんじゃないかと思います。みなさんの無意識が、いつの間にか歩み寄って、問題を小さくしてくれているのです。

「時間が解決してくれる」という表現がありますが、正確には自分たちの「愛」が**「無意識」に働きかけ、時間をかけてゆっくりと歩み寄るように作用して、本人たちも気づかないうちに「解決」にたどり着いてしまうのです**。強い愛で結ばれている夫婦ほど、この効果は強力です。

人間、頭で考えるばかりが物事を解決する方法ではありません。目指すべき方向性を頭にインプットしたら、あえて余計な思索はめぐらさず、自分の無意識と時の流れに身を委ねてみるのも一つの手。それがいわゆる、頭だけでなく体全体で考えるという技術です。

「必要な夫婦ゲンカ」を先送りにしても、いいことはありません。時には、勇気をもって腹の中をさらけ出し合いましょう。

こうやって、夫婦ゲンカを繰り返し、お互いの腹の内をさらけ出し合い、つねに問題意識を共有することで、夫婦の相互理解や絆が強まり、夫婦関係は進化していくのです。

夫婦ゲンカにもルールが必要

とはいえ、いざケンカが始まるとお互いに冷静さを失うことは避けられません。せっかくの「上手な夫婦ゲンカの心得」がどこかに吹き飛んでしまい、やっぱり「犬も食わぬ夫婦ゲンカ」に陥ってしまうことも。

そうならないように、夫婦ゲンカという土俵の上でお互いが守るべき最低限のルールは決めておきましょう。私がおすすめしているルールは、以下の5か

条です。

犯人捜しをしない

「だいたいキミがねぇ……」とか「もとはといえば……」は禁句です。

ケンカって、何か目の前に問題が生じているから起こるんですけど、感情的になると、「そもそもあなたがあんなことするから……」とか「キミがあんなこと言わなければこんなことには……」とか、責任の押しつけ合いというか、犯人捜しというか、そんな感じになってしまうんですよね。

でも、それでは何も前に進みません。

風邪を引いたときは、その原因を突き止めるよりも、まずはどうやったら治

るのかを考えることが大切です。ケンカにおいても、どうしたら目の前の問題が改善できるのかということに焦点を当てて、意見を出し合うようにしましょう。

② 別の話を持ち出さない

「あのときだって……」も禁句です。

議題がどんどん変わっていって、もともとの問題が置きざりにされ、話がますますこんがらがってしまいます。「あのときだって……」と言うと、「キミだって、あのとき……」と切り替えされて、墓穴を掘ることも多いですし（笑）。

だいたい、「あのときだって……」というセリフが口を突くときは、相手を打ち負かしてやろうという気持ちが勝ってしまっているときです。そうなる

と、ケンカは泥沼化しますから、自制が必要です。言われたほうも、その反論につき合わないようにしましょう。

勝手に土俵を下りない

「もう知らない！　好きにして！」と、勝手に退場しちゃうのは反則です。

よくあるじゃないですか、感情が高まりすぎて、その場にいられなくなり、「バタン！」と戸を閉めて部屋を出て行く、みたいな。そうすると、残されたほうはものすごい孤独とやり場のない怒りに襲われます。

さらによくないことに、一度そういう別れ方をしてしまうと、次に顔を合わせたときにお互いにどんな顔をしていいのかわからなくて、仲直りのチャンスがますます遠のきます。

土俵を下りるときは、「今日はもうおしまいにしておこうか」というお互い
の同意のうえで、にしましょう。ケンカの題材そのものについての和解には至
らなくても、「今日はもうおしまいにしておこう」という同意だけでもできる
と、そのあとの夫婦のわだかまりはだいぶましなものになります。

堂々巡りを始めたらいったんおしまい

先ほど、「勝手に土俵を下りない」という話をしましたが、「今日はもうおし
まいにしておこうか」っていうタイミングを見つけることこそが難しいと感じ
ているかもしれませんね。

でもだいじょうぶ。明確なタイミングの見つけ方があります。

もし、お互いに同じことを繰り返し発言するようになったら、もうそれ以上言うことはない証拠です。「腹の中をさらけ出す」というケンカの目的は達成されたのです。

「おや、その話、さっきも聞いたぞ」と、話が堂々巡りを始めたら、「私は言いたいことは全部言った。あなたは？」「じゃ、今日はここまでにしよう」とお互いの同意のうえでケンカを終えるようにすればいいんです。

「納得したかどうか」ではなく、「言いたいことを全部はき出したかどうか」が夫婦ゲンカを終えるポイントだと考えましょう。

あいさつは欠かさない

全然納得はしていなくても、そうやってひとまずケンカを終えたら、あとは

いつもどおり「おはよう」「ありがとう」「いってらっしゃい」などのあいさつはしましょう。これがないと、お互いに無視しているみたいな状態になって、いつまでたっても意地の張り合いになっちゃいますから。

少なくとも、**あいさつをいつもどおりに交わすことで、正常な関係性を取り戻すのが早まります。**子どもが共通の話題を提供してくれることもあります。余計な意地を張らずに、いつもどおりに会話をするように、お互い約束しておきましょう。

多少のわだかまりはあったとしても、毎日同じ屋根の下で暮らし、「おはよう」「いってらっしゃい」「ありがとう」が言えていれば、それだけで幸せだと思えばいいのです。

夫婦ゲンカを子どもに見せよう！

昔はよく、「子どもが不安になるから、夫婦ゲンカを子どもに見せてはいけません」などと言われていました。この「一見正論」の背景には、「ケンカは悪いこと」という暗黙の前提があるように思いますが、本当にそうでしょうか。

たしかに、「下手なケンカ」なら子どもに見せないほうがいいでしょう。両親がただいがみ合っているのを見ているのは、子どもにとってつらいだけです。でも、「上手な夫婦ゲンカ」なら見せてもいいのではないかと思います。いや、むしろどんどん見せたほうがいい。「上手な夫婦ゲンカ」を目の当たりにすることで、**子どもは多くの大切なことを学ぶことができる**からです。

まず、上手なケンカの作法、仲直りの技術というお手本を目の当たりにする

ことができますよね。「ケンカってこうやってするもんなんだ」「ケンカをしても仲直りすればいいんだ」ってことが理屈ではなく、肌感覚で理解できるわけです。こんなこと、両親以外の誰が教えられますか？

そして、ママとパパのやりとりを見て、子どもは、「人はそれぞれ違う考えを持っていていいんだ。人は違いを認め合い、尊重することだってできるんだ」ということを学ぶはずです。人間はぶつかり合い、それでも助け合い、力を合わせて物事に取り組むことができるんだ、ってことを知るのです。

さらに、ものすごい勢いで夫婦ゲンカをしても、その翌日には普通に会話を交わしていたり、むしろ今まで以上にラブラブしているママとパパを見て、子どもたちは「なんか、夫婦っていいな」とか、「男と女が愛し合うってこういうことなんだ」とか、「信頼関係って、いつでも仲良くしていることではなく、言いたいことを言い合える関係なんだ」とか、ちょっと生意気なことを感

188

じ取ってくれると思います。

そういう経験が豊富なら、少々の夫婦ゲンカを目撃したからといって不安になったりしないでしょう。むしろ、**人を信頼し、愛し、思い切りぶつかること**
ができる人に育つはずです。「誠実でありさえすれば必ず伝わる」みたいな強力な信念が植えつけられるはずです。

どれも、健全な人間関係を築く力を養ううえでとても大切な素要です。

パパとママのとっても人間くさい関係を目の当たりにしてきた子どもたちは、将来友だちとちょっとケンカをしたからといって簡単に絶交しちゃうような若者にはならないでしょう。会社の上司にちょっと怒られたからといって簡単に出社拒否になったりはしないはずです。

そして、パパロボットの極みへ

犬も食わないはずの夫婦ゲンカでも、うまくすれば子どもにとっては「いい教材」になりうるのです。そして私は、これこそが、**ママとパパが協力して子育てすることの究極のメリット**だと考えています。

だから、上手にお風呂に入れられたり、お料理ができたりすることも大切ですが、**パパにとってそれ以上に大切なのは、ママと対等に上手にケンカができるようになること**なんじゃないかと思います。

それでこそ、本当に完成された「自律型パパロボットの極み」と呼べるのだと思います。いや、そこまでくると、もはや単なる「高性能全自動育児ロボット」の域を超えているはずです。かけがえのない一生のパートナーとして、一

回りも二回りも大きく頼りがいのある存在になっていることと思います。きっと、「この人と結婚してよかった！」と心から思えるようになっているでしょう。

そして、そんな関係性を築くために一肌も二肌も脱いでくれたママたちに、心からの拍手を送りたいと思います。

おわりに

パパにとって都合がいいことばかりの一方的なお願いの連続に、最後までおつき合いいただき、本当にありがとうございます。

無理難題の連続だったかと思いますが、それでも最後までお読みくださった、みなさんの忍耐に感服の意を表しますとともに、それほどまでにパパのことを想う愛情に、他人ながらちょっぴりの嫉妬すら感じます。

私自身、筆を進めるたびに、「子どもの世話だけでも大変なのに、どうしてパパの面倒まで見なければならないのよ！」というママたちの叫びが耳元まで

迫ってくるように感じました。そのたびに、パパ代表として申し訳ない思いでいっぱいになりました。

しかし、最後にあえてもう一つ、お伝えしたいことがあります。

パパだって、ママのことを理解し、ママのためになることをパパなりの方法でやろうとしているということです。

よかれと思ってしたことをママから否定され、どうしていいのかわからなくなり、「パパの悩み相談横丁」に相談メールを送ってくれるパパもたくさんいました。

たしかにパパは、ママの思いどおりにはなかなか動いてくれません。かといって、**ママが思うほど何も考えていないわけではない**のです。パパの心の中に

も、自分なりの「ママのトリセツ」があるのです。

この本も表現上は「ママからパパに働きかける」というスタンスで書いてはいるのですが、本来ママとパパは、お互いに「影響を与え合う」関係です。パパたちだって、ママの気づかないところで、一肌も二肌も脱ごうとしてくれているはずです。

しばらくは、めまぐるしく雑事に追われる日々が続くとは思いますが、ときどきそんなことを思い出していただければと思います。

喜怒哀楽が錯綜する子育てライフを通して強めた夫婦の絆は、子育てが終わったあとも、きっと人生の宝物になることでしょう。

最後に、余計なお世話とは知りながら、世界中のママたちが、パパとともに

育てライフを、たくましく歩んでくださることを心よりお祈りいたします。

泣いて笑ってケンカして、愛し合い、始まったばかりなのに結構残り少ない子

2021年 1月

おおたとしまさ

パパのトリセツ 2.0

発行日　2021年2月20日　第1刷

Author	おおたとしまさ
Illustrator	モチコ
Book Designer	上坊菜々子
Publication	株式会社ディスカヴァー・トゥエンティワン
	〒102-0093　東京都千代田区平河町2-16-1 平河町森タワー11F
	TEL　03-3237-8321（代表）　03-3237-8345（営業）
	FAX　03-3237-8323
	https://d21.co.jp/
Publisher	谷口奈緒美
Editor	三谷祐一　小石亜季

Store Sales Company
梅本翔太　飯田智樹　古矢薫　佐藤昌幸　青木翔平　小木曽礼丈　小山怜那
川本寛子　佐竹祐哉　佐藤淳基　竹内大貴　直林実咲　野村美空　廣内悠理
井澤徳子　藤井かおり　藤井多穂子　町田加奈子

Online Sales Company
三輪真也　榊原僚　磯部隆　伊東佑真　川島理　高橋雛乃　滝口景太郎　宮田有利子
石橋佐知子

Product Company
大山聡子　大竹朝子　岡本典子　小関勝則　千葉正幸　原典宏　藤田浩芳　王廳
小田木もも　倉田華　佐々木玲奈　佐藤サラ圭　志摩麻衣　杉田彰子　辰巳佳衣
谷中卓　橋本莉奈　林拓馬　牧野類　三谷祐一　元木優子　安永姫菜　山中麻吏
渡辺基志　小石亜季　伊藤香　葛目美枝子　鈴木洋子　畑野衣見

Business Solution Company
蛯原昇　安永智洋　志摩晃司　早水真吾　野﨑竜海　野中保奈美　野村美紀　林秀樹
三角真穂　南健一　村尾純司

Ebook Company
松原史与志　中島俊平　越野志絵良　斎藤悠人　庄司知世　西川なつか　小田孝文
中澤泰宏

Corporate Design Group
大星多聞　堀部直人　岡村浩明　井筒浩　井上竜之介　奥田千晶　田中亜紀
福永友紀　山田諭志　池田望　石光まゆ子　齋藤朋子　福田章平　俵敬子　丸山香織
宮崎陽子　青木涼馬　岩城萌花　大竹美和　越智佳奈子　北村明友　副島杏南
田中真悠　田山礼真　津野主揮　永尾祐人　中西花　西方裕人　羽地夕夏　原田愛穂
平池輝　星明里　松川実夏　松ノ下直輝　八木眸

Proofreader	文字工房燦光
DTP	株式会社RUHIA
Printing	大日本印刷株式会社

ISBN978-4-7993-2712-8

おおたとしまさの本

忙しいビジネスマンのための 3 分間育児
おおたとしまさ 著

花まる学習会・高濱正伸さん絶賛！　たった 3 分でも
思いのこもった濃密な時間を共有することが、子どもの
成長には効果的です。忙しいパパだからこそできること
を提案する「男の育児バイブル」決定版。

1100 円（税込）

＊お近くの書店にない場合は小社サイト（http://www.d21.co.jp）やオンライン
書店（アマゾン、楽天ブックス、ブックサービス、honto、セブンネットショッ
ピングほか）にてお求めください。挟み込みの愛読者カードやお電話でもご注文
いただけます。電話：03-3237-8321（代）